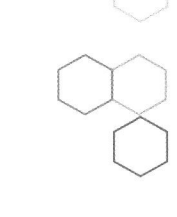

电视媒体创意扩散机理及模型研究

Research on Creative Diffusion Theory and
Its Model in the Television Media

孙光磊 著

中国社会科学出版社

图书在版编目（CIP）数据

电视媒体创意扩散机理及模型研究/孙光磊著. —北京：中国社会科学出版社，2018.1
ISBN 978-7-5203-1258-5

Ⅰ.①电… Ⅱ.①孙… Ⅲ.①电视—传播媒介—研究—中国 Ⅳ.①G229.2

中国版本图书馆 CIP 数据核字（2017）第 261900 号

出 版 人	赵剑英
责任编辑	车文娇
责任校对	王纪慧
责任印制	王 超
出　　版	中国社会科学出版社
社　　址	北京鼓楼西大街甲 158 号
邮　　编	100720
网　　址	http://www.csspw.cn
发 行 部	010-84083685
门 市 部	010-84029450
经　　销	新华书店及其他书店
印　　刷	北京明恒达印务有限公司
装　　订	廊坊市广阳区广增装订厂
版　　次	2018 年 1 月第 1 版
印　　次	2018 年 1 月第 1 次印刷
开　　本	710×1000　1/16
印　　张	12.5
插　　页	2
字　　数	151 千字
定　　价	66.00 元

凡购买中国社会科学出版社图书，如有质量问题请与本社营销中心联系调换
电话：010-84083683
版权所有　侵权必究

序　　言

"创意"是一切创新之源。在"大众创业，万众创新"蓬勃发展的今天，"创意"这一创新、创业的核心思维过程，必将成为社会科学的重大课题。鉴于传统科技创新及其产业已经成为一个相对成熟的研究领域，创意产业的研究目前主要聚焦于文化艺术产业范畴，而文化艺术产业正是国家软实力的集中体现，并已成为重要的经济增长点。

在全世界范围内，创意产业的实践已经蜂拥而起，并形成强有力的经济风潮，在获得数不尽的社会收益的同时也给投资人带来了巨大的经济效益。在所有的新兴产业中，创意产业发展最快，其经济增长相当于制造业的四倍、服务业的两倍。创意产业制造的价值还体现在GDP的增长上，根据联合国贸易发展协会的相关数据，其所创造的产值大概相当于7%的GDP。

创意产业是一个刚刚起步的朝阳产业，我国学者针对创意产业做出的研究，主要是针对我国创意产业的发展因素、未来的发展趋势及其对当今社会的影响提出了自己的看法，还没有结合创意产业中的扩散机理做出更进一步的分析，尽管有些学者也根据扩散性的思考方式进行创意研究，但大多是从技术扩散层面，对行为人的创意领域进行研究。可以看出，我国对创意产业的研究尚处于起步阶段。

电视媒体是创意产业极其重要的组成部分，其具有影响范围广、影响力大、权威性强等特点，已与网络、出版并列为三大单纯性创意产业，且目前尚处于核心地位，因此对电视媒体的创意研究对整个国民经济发展和社会舆论导向都具有重要意义。

本书首先分析和阐述了我国创意产业的发展现实，然后根据创新扩散理论，对我国创意产业实践中的案例进行分析，阐述对创意扩散造成影响的主要因素，并对其进行分类，建立创意扩散的影响因素概念模型。鉴于扩散本来就是一个物理上的概念，因此引入物理学中的振动理论和自由碰撞理论，建立两组描述创意扩散现象的理论模型，并结合实际调查数据，对黑龙江电视台节目的创新与发展提出相关的建议。振动模型将共振思想融入对创意扩散机理的分析，根据实现创意扩散需要"共振"（共鸣）的特征，研究经济活动中创意扩散的优化问题，在研究创意与人发生作用的基本原理上描述了创意扩散现象。自由碰撞模型结合基本粒子的自由碰撞过程，将创意的传播过程描述为创意点在社会系统内的发射与吸收，在研究创意传播的整体趋势上描述了创意扩散现象。在上述分析的基础上，根据所提出的创意扩散模型及对创意扩散机理的数据分析，结合电视媒体的基本特征，提出促进和优化该领域内的创意扩散的具体建议和措施。通过模型分析、数据分析、模拟分析等分析方法对黑龙江卫视的数据进行了详细的分析，并提出指导意见。

本书的研究成果将为我国创意企业在未来的发展提出借鉴

意义，包括如何在市场中取得更好的扩散创意成果、提升市场竞争力和创意产品的创新能力等。同时，本书的研究成果还将为我国创意产业未来的发展奠定一定的理论基础。

在完成书稿的过程中，笔者的博士生导师、哈尔滨工业大学鞠晓峰教授给予了非常多的指导与帮助；哈尔滨商业大学王光明教授也提出了非常宝贵的意见；黑龙江电视台提供的数据支持是本书完成的重要基础；同时，中国社会科学出版社的工作人员为本书出版做了大量工作，在纠正纰漏、规范行文等方面，严细求实、一丝不苟，在此表示诚挚的谢意。尽管我们做了很多努力，但是本书难免还存在一些不足之处，在这里对学界同人致以衷心感谢的同时还要表示诚恳歉意。

目　录

第一章　绪论 …………………………………………………… 1

　　第一节　研究背景 ………………………………………… 1
　　第二节　研究目的和意义 ………………………………… 3
　　第三节　国内外研究现状及评述 ………………………… 5
　　第四节　研究内容与研究方法 …………………………… 25

第二章　创意扩散的基础理论及原因与特性分析 …………… 30

　　第一节　相关概念的界定 ………………………………… 30
　　第二节　创意扩散的表象理论 …………………………… 37
　　第三节　创意扩散的原因分析 …………………………… 44
　　第四节　创意的特征及其对扩散的影响分析 …………… 50
　　第五节　文化创意的要素、方法和过程 ………………… 54

第三章　电视媒体创意扩散的指标度量 ……………………… 66

　　第一节　电视媒体创意扩散的基本概念框架 …………… 66
　　第二节　电视媒体创意扩散研究的理论构架 …………… 69
　　第三节　电视媒体创意扩散的指标度量 ………………… 78

第四章 基于 Bass 族模型和共振模型的电视媒体创意扩散微观机理研究 …… 81

第一节　Bass 族模型及其对传播体与接受体关系的描述 …… 82
第二节　共振的基本概念 …… 87
第三节　电视媒体创意传播中的共振 …… 89
第四节　电视媒体创意扩散的共振模型 …… 91
第五节　基于实测数据的共振模型检验 …… 94

第五章 基于自由碰撞统计模型的电视媒体创意扩散宏观机理研究 …… 99

第一节　基本粒子自由碰撞模型的基本概念 …… 99
第二节　电视媒体创意扩散的统计分析 …… 101
第三节　电视媒体创意在社会系统内的自由碰撞过程 …… 104
第四节　自由碰撞统计模型的模拟分析 …… 110
第五节　基于实测数据的自由碰撞模型检验 …… 116

第六章 基于创意扩散的黑龙江电视台节目的创新与发展 …… 119

第一节　基于创意扩散共振模型的黑龙江电视台品牌竞争力分析 …… 119
第二节　基于创意扩散自由碰撞模型的黑龙江电视台地面频道节目资源使用效率分析 …… 125

第三节　黑龙江电视台创意产品发展格局 ……………… 132
　　第四节　黑龙江电视台创意扩散领域的发展建议 …… 142

结　论 ………………………………………………………… 160

附　录 ………………………………………………………… 163
　　附录 1　黑龙江电视台节目类型对应情况 ……………… 163
　　附录 2　术语介绍 ………………………………………… 176

参考文献 ……………………………………………………… 182

第一章 绪论

第一节 研究背景

中国共产党第十八次全国代表大会报告对文化产业和国家软实力高度重视、反复强调,包括文化产业在内并以其为主干的整个创意产业在中国获得前所未有的发展机遇。创意产业的链条可以用创意生产、创意扩散和创意效益三个基本过程加以概括,其中创意扩散为中枢性的关键环节。但对于创意扩散的理论研究在国际学界尚处于起步阶段,仅有定性研究零星可见,这难以满足国内创意产业蓬勃发展的理论需求。构架完整的创意扩散理论必须对创意扩散的微观、宏观、表象三个层次的机理进行合理的描述,并构建定量的数学模型,而这在理论界依然处于接近空白的状态。因此,建立创意扩散机理模型,用以描述创意扩散的总体趋势并解决部分相关问题,已成为管理实践和理论研究的共同需求,而在完全依赖创意活动的电视媒体领域显得尤为紧迫。

西方一些资本主义强国从 20 世纪 80 年代起就开始对"知

识价值革命"这一现象表示关注。这一现象表明，在工业革命时期人类满足了自身生存需要和物质需要之后开始追求精神上的满足和审美上的需求，并更加重视智慧的价值，由此促进了"知识型消费"。而在这种社会经济背景下，创意产业诞生，并成为人们强调文化艺术对经济发展产生推动力和创新力的具体载体，如今在对国家和城市的综合实力进行衡量时，一个必不可少的因素就是这个国家和城市的创意产业。因此，在这种风潮的推动下，很多国家和地区采取鼓励措施大力发展本地区的创意产业，并把其当作支柱产业或战略产业推进。

伴随着创意产业的发展，在学术界也有相关的学者对此进行研究。1986年，经济学教授罗默就曾提出，新的创意会带来巨大的财富价值和无穷的市场潜力，因此新的创意也会给国家的经济带来前进的动力。其实，创意产业总是以脑力劳动为主体的，其推出的产品也总是能进一步提高人类的思维价值和生活品质。而随着创意产业在现代社会的进一步发展，其生产的很多产品都带动了经济的增长。比如，创意产业较为发达的北京市在2009年的创意产业总值达到1497.7亿元，占GDP的12.6%，到2010年则达到1692.2亿元，比2009年同期增长13.6%，可见创意产业在经济发展中的作用甚大。

随着人们精神文化领域的追求日益增长，国家开始越发重视文化产业的发展，"深化文化体制改革"成为党的十七届六中全会的一个主题，深化文化体制改革、推动社会主义文化大发展大繁荣已经成为文化建设上的时代性特征，因为改革开放是当代的标志，也是最鲜明的特征。这一次文化大发展大繁荣是建立在社会发展历史阶段基础上的文化的大发展大繁荣。现在文化已经进入了经济的主战场，发达国家特别是超级大国的文化产业在国民经济中的比重都是相当大的，像美国、英国这样的国家都在20%以上，文化产业成了这些国家目前经济发展的重要支撑力。2010年，我国整个文化产业的国内生产总值是1.1万亿元，在国民经济中的比重是2.78%，同大国、强国相比差距还很大。

与创意产业在国民经济中的重要地位形成鲜明对比的是，创意扩散领域的理论研究尚处于起步阶段，关于其机理及模型的研究基本处于空白状态，导致对创意扩散的整体趋势难以进行整体性的描述和把握，对其规律性缺乏理论认识，这就造成创意产业的发展具有一定盲目性。目前，对创意扩散问题的理论研究已经提上了日程。

第二节　研究目的和意义

一　研究目的

本书从理论上探索了创意扩散现象的微观和宏观机理，并结合黑龙江电视台的实测数据对机理模型进行了验证，在实践上对黑龙江电视台内涉及创意扩散的若干问题进行了探讨。

在微观机理上，以共振模型描述了受体对创意的接受过程；在宏观机理上，以自由碰撞统计模型描述了创意在受体系统内传播的总趋势。通过建立和分析创意扩散基本过程的理论模型，从趋势上理解和把握创意产业发展中的一些现象，在利用电视媒体具体调研数据对模型进行初步验证的同时，对黑龙江电视台的可持续发展提出若干具有可操作性的建议。

二 研究意义

(一) 理论意义

毋庸置疑,创意产业是一个刚刚起步的朝阳产业,所以少有学者对这个领域进行研究。而我国学者针对创意产业做出的研究也大多是表面之谈,主要阐述了我国创意产业发展的因素及其对当今社会的影响;也有的学者从国家和产业方面对创意产业的未来发展趋势提出自己的看法。但是还没有学者结合创意产业中的扩散机理对这个产业进行更进一步的分析,即还没有学者研究创意产业传播因素以及创意商业化应用等领域。尽管有些学者也根据扩散性的思考方式进行创意研究,但大多是从技术扩散层面考虑,还很少有学者对行为人的创意领域进行研究。可以看出,我国对创意产业的研究尚处于起步阶段。基于此,本书争取将创意产业理论和创新扩散理论有效结合,并重点与物理学领域普遍存在的共振现象相类比,拟基于共振理论为创意扩散中的创意接受机理建立具有普遍意义的模型,从理论和实证两个方面展开分析和研究。这将有助于丰富已有的创新扩散理论,实现自然科学理论与创新扩散理论的结合,并对创意扩散理论的建立和发展具有重要的意义。

(二) 应用价值

本书的研究成果对我国创意产业中的企业在未来的发展存在借鉴意义,包括怎样在市场中更好地扩散本企业的创意成果,怎样提升本企业的市场竞争力和创意产品创新能力等。同时,本书的研究成果还为我国未来的创意产业发展奠定坚实的理论基础。本书还对电视媒体创意产业发展的影响因素、途径等进行了研究,将推动电视媒体创意产业的发展,并对黑龙江电视台创意性节目的发展和布局具有直接的指导意义。

第三节 国内外研究现状及评述

创意产业作为一种新兴产业,发展方兴未艾。目前,国际理论界的研究尚处于概念构架阶段,且观点并不一致,仅能做比对性的归纳。关于创意扩散问题的研究也同样处于定性研究阶段,明确的概念尚有争议,文献仅见少量涉及现象归纳的研究,关于创意扩散的机理研究及相关的模型研究则完全未见文献报道。因此,本书抛弃尚无定论的创意扩散的抽象概念构架,直接从其现实的基本过程出发,探索机理、构建模型,并归纳所能涉及的相关文献。

一 创意扩散在社会经济发展中的作用

众所周知,从思想层面延伸出的创意创新活动能够为企业创造很多的价值。但是,学者们觉得创意并非一般层面上的经济活动,当创意从单纯的想法变化为可以交易的实物时,创意就从思想层面上升为一般性的经济活动了。所以,单纯的创意并不能创造价值,必须通过市场投放产品才能实现经济价值。因此,企业提出创意的原因,就在于创意可以在社会市场中通过商品化的扩散利用创意产品创造经济效益。从这点来看,创意的商业化和创意扩散其实是创意市场化中不可分割的两部分。创意的商业化强调创意由想法转变为商品,而创意扩散则强调创意商品在社会中的传播,即创意具有商业价值的同时还应具有有效的传播性。创意的有效扩散才能促进企业或地区的创意产业发展和地区经济的进步。

然而，创意产业是一个新兴产业，其理论研究远远落后于实践，因而国内外学术理论界对其的研究也处于认知和探索阶段。对于创意扩散的研究，更是一个相对较新的领域，目前对创意扩散的研究主要是以创新扩散的理论为基础加以展开的，并没有直接的理论基础，在实际研究中，对各个方面的因素或变量的分析往往与不同的概念和方法联系在一起，这样的研究分析还处于各自为政的状态。因此，现阶段的研究成果对于创意扩散机理的深层次分析还很不完整。浙江大学陈劲教授的学术梯队虽然提出了企业创意扩散影响因素，但是对每个具体因素是如何产生影响的研究还不够深入，各因素对创意扩散率的影响机理也没有阐释清楚。对于创意扩散模型的研究还基本处于空白状态，创意扩散模型的建立缺乏理论基础和数据检验。另外，创意产业包括很多行业，根据各行业的特点建立具有实际意义、能够具体指导该行业发展的创意扩散模型，已成为各个创意行业自身发展的迫切要求，而在这方面还未有学者提出观点或发表论文。

电视媒体是创意产业的重要组成部分，其具有影响范围广、影响力大、权威性强等特点，已与网络、出版并列为三大单纯性创意产业，且目前处于核心地位，因此电视媒体创意研究对整个国民经济发展和社会舆论导向都具有重要意义。

创意扩散的前提是要走实践的路子，自2011年8月中旬全国新闻战线深入开展"走基层、转作风、改文风"活动以来，中央电视台已派出报道团队400多路、记者1000多人次，足迹踏遍全国的上百个县市乡村。截至目前，所属各频道共播发"走基层"报道2000余条，涌现出《新疆塔县皮里村蹲点日记》《达茂旗：土豆大丰收销路遇难题》《桥通拉马底》《北京同仁医院、儿童医院蹲点日记》《边疆行》《百县行》《小微企业调研行》《春暖2012》《黄河善谷》等一批"接地气""有底气""聚人气"的作品，同时还重点打造了《百姓心声》《第一手调查》《蹲点日记》《劳动者》《最美的中国人》《我在基层当干部》等系列报道和栏目，受到观众的广泛好评。

二 国内外创意扩散研究现状

（一）创意产业及创意扩散的概念特征

文化和科技创意现如今已经成为知识经济的主体，并上升为推动企业竞争力和产业附加值的强动力（厉无畏，2006）。现阶段，有关专家针对创意产业的概念进行了研究，比如特里·弗鲁对比了创意产业和传统文化产业的差异（Terry Flew，2002）；理查德·弗罗里达分析了创意经济的阶级基础（Richard Florida，2004）；理查德·E. 凯夫斯（2004）描述和总结了当代文化创意产业的特征；约翰·哈特里对创意产业和支撑其发展的新媒体技术之间的关系进行研究，并寻找创意扩散之所以出现的动因（John Hartley，2005）。虽然现在创意扩散还处于初步研究期，有少部分专家（如陈劲，2008）对创意扩散理论进行定性分析，并通过调查和回归的方式阐述影响创意扩散的种种因素，但具体的系统数学模型还没有建成，适用于一般性的创意扩散趋势模型化描述的理论也没有构建起来。1983年，E. M. 罗杰斯（E. M. Rogers）在自己的著作 *Innovation Diffusion* 中表示：在一定时期内，创新可以通过某些渠道进行扩散，并在社会系统成员中广泛传播，而这就是扩散。所以，扩散同时也是新技术信息传递的过程。正如罗杰斯所说，扩散的本质就是把自己的新想法传递给更多的人。而创意扩散也就是指其抽象的想法、技术或者其他实践在社会中的广泛传播（Rogers，2002）。正如清华大学著名学者傅家骥所说的，创新性的技术通过某些渠道在社会潜在使用者间进行传递的过程就形成了技术创新的扩散。

（二）创意扩散的形成过程和途径

著名的经济理论者 E. 曼斯菲尔德（E. Mansfield）曾经说过，信息扩散本身也就是一个再学习的过程。在扩散最初，加工新的工艺或产品也类似于新思想，需要进行开发与研究，在此过程中必须对其产生的技术问题加以解决。按照"学习曲线"定律，只有新产品在平稳设计之后，才能降低新产品的生产成本。而且，在扩散过程中也需要重新优化资源配置。中科院著名教授顾淑林就曾经这样定义技术扩散："新的技术通过人们研究认为其具有一定的可行性，进而流通到社会潜在使用者中被其在生产中广泛使用。"1995 年，著名教授陈国宏也从"技术势"概念入手定义技术扩散，认为其属于技术传播，并且是低技术势系统向高技术势系统转化学习的过程。他的观点有力地补充了技术扩散的传播理论。方新（1991）认为，企业和机构在经济利益的驱使下才进行技术的创新与扩散活动，这个活动也是日积月累的改善过程。在西方资本主义国家中，也有很多学者对创意扩散进行了研究。比如，美国的著名经济学家 J. C. 梅特卡夫（J. C. Metcalfe）研究扩散对经济增长价值的影响，并认为学者研究创新扩散理论，主要是为了表示对新技术与经济结合而导致经济结构更改这一过程的关心。在这一过程中，学者们可以水平观察与扩散相关的结构变化，进而观察扩散从新商品到企业再到个人行为乃至整个产业的宏观发展变化。当然，梅特卡夫还认为大多数扩散变化都处于微观进行中，然而对扩散变化进行研究的意义则远远不止对其微观创新的影响。可以看出，梅特卡夫的观点表明了微观水平对经济结构的变化影响。萨哈尔（Sahal）认为，扩散过程实质是新老技术交替的过程。此外，传播论也是创意扩散理论中非常具有影响力的理论之一，对其进行研究最有代表性的学者是罗杰斯。他在其著作《创新的扩散》一书中指出：创新扩散就是在时间的范畴内，通过各种方式把新思想和新产品让广大社会系统成员接受。最初，扩散起源于技术革新，但是随着时间变化，技术逐渐被使用者利用，而新的使用者或演变为这些潜在新技术的提供商，或对这些新技术向社会潜在使用者进行传播，导致没有采用新技术的使用者越来越少，最后为零，到此才结束了整个技术扩散过程。2002年，虽然罗杰斯对整个创新过程进行过描述，但是从他的著作中可以发现，其研究的主要是创新扩散、接受环节以及形成扩散的因素等，并建立了创新扩散理论。此外，Deshpande（1983）对罗杰斯的著作《创新的扩散》以及布朗（Brown）和萨哈尔（Sahal）两位学者的创新论著进行了综合对比，根据技术革新发展的过程，对上述三位学者各自的研究范围进行了划分。

西方资本主义国家，尤其是以英国为首的欧洲国家最先有现代创意产业的商业化发端。在这些国家中，政府认为创意产业的发展是非常必要的，并把其作为战略性的产业进行发展。比如，1997年英国政府便开始致力于创意产业的发展。而美国的文化结构比较独特,也助长了其文化创意产业的发展。此外,亚洲的日韩和中国等国家也纷纷把创意产业作为本国的核心产业,并推动其发展。创意产业迅猛发展的市场基础见图1-1。

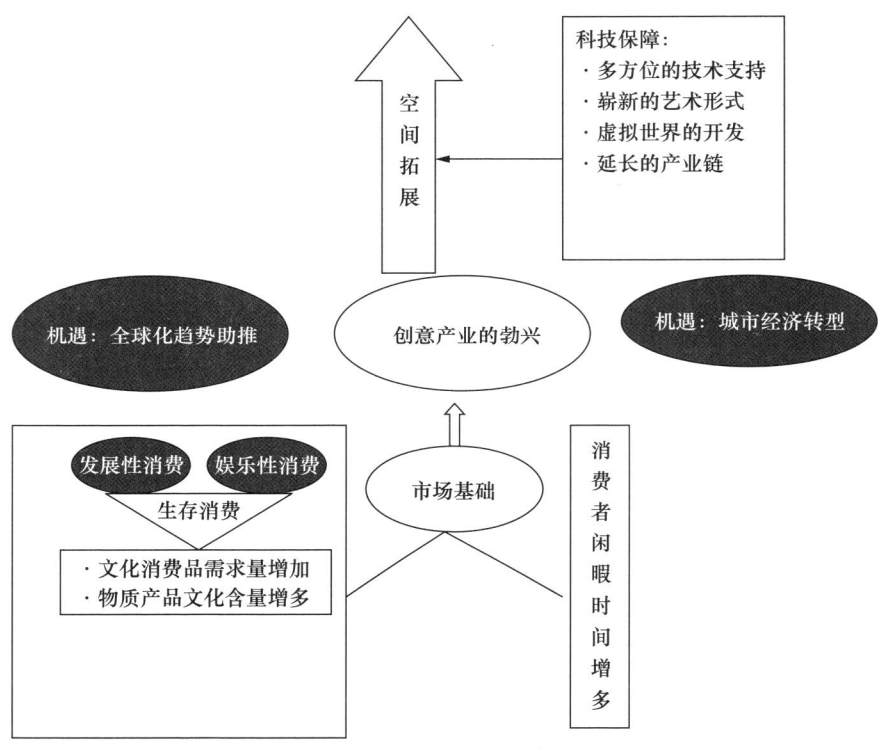

图1-1 创意产业兴起的市场基础

资料来源:厉无畏:《创意产业导论》,学林出版社2006年版。

在全世界范围内,创意产业的实践已经蜂拥而起,并形成强有力的经济风潮,在获得数不尽的社会收益的同时也给投资人带来了巨大的经济效益。在所有新兴的产业中,创意产业发展最快,其经济增长速度相当于制造业的四倍、服务业的两倍。

创意产业制造的价值还体现在 GDP 的增长上，根据联合国贸易发展协会的相关数据，其所创造的产值大概相当于 GDP 的 7%。而霍金斯的《创意经济》中的统计数据显示，全世界创意产业每天贡献出来的经济价值多达 220 亿美元，并以 5% 的效率上升；而某些发达国家的效率则更高，比如英国的上升效率为 12%，美国的上升效率高达 14%。

三 国内创意产业及电视媒体创意扩散的研究概况

（一）国内创意产业的发展及其问题

现阶段，我国正处于社会的转型期，尤其是社会经济、产业结构和城市功能等都已经到转型的关键期，而国家在这时的战略主要是自主创新，国家号召从"制造"走向"创造"，由此也带动了很多城市兴建"创意之都"的热潮。其中，北京就把创意产业作为自己的支柱产业。在北京城市的经济结构中，创意经济是其发展的重中之重，而且北京结合自身的人才特点，根据创意创业的经济增长和高附加值的特点，发展中国创意产业资源，并以 2008 年奥运会为契机，建立了诸多的创意资源交流中心，大大开发了北京市的创意文化产业。上海凭借自身开放的市场和雄厚的资金能力以及扎实的产业传统，大力发展创意产业，建立创意产业园区，并推动了上海市经济的发展。我国的香港、台湾等地区也充分发挥自己的地区优势，推动了本地区创意产业的快速发展，进而促进了本地区经济的发展。此外，国家也从政策上对创意产业的发展予以支持。国家于 2006 年出台的《国民经济和社会发展第十一个五年规划》指出，要把依法运营的文化产品生产机制和管理机制建立起来，进而转化为一批市场竞争力和自主创新能力都较强的文化企业团体，并完善文化产业政策，吸收外来优秀文化并推动民族文化产业发展。这一政策引领了我国未来文化创意产业的发展趋向。

当然，我国的创意产业发展和欧美等国家相比也有很大差距，具体主要有以下几个问题。第一，文化创意产品质量不高，迫切需要质量上的创新。比如，从1993年开始全国各种媒体报纸信息量激增，各家报纸分别对自己的产品进行扩版。此后，"电视剧热""时尚潮""娱乐潮""都市报热"等现象纷纷涌现。但是，在这种"热火朝天"的氛围下，人们纷纷发现这些文化创意产品虽然数量在增多，但产品却比较类似，缺乏创新，因此很多人虽然满意于文化创意产品的数量增加，却纷纷抱怨文化创意产品的可选择性小，缺乏创举。在此情况下，一些文化创意类产品却先声夺人，如《超级女声》《中国好声音》等选秀节目赢得了人们的赞扬。这表明，在同质的文化现象下还存在着异化的支配力量，而这种力量会推动文化创意产业的创新，赋予中国文化创意产业新的发展市场。

此外，随着中国产业的不断转型、外资的涌入以及中国经济的全球化，企业生存环境总是在不断改变。但是，我国创意产业的发展远远还没形成有效的产业链和创意阶层，同时也没有合适创意产业发展的人文土壤、投资环境，更加没有适合创意产业发展的资源共享平台以及对中国传统民俗文化进行开发的平台等，这些都严重制约着创意企业的发展。另外，企业的创意只有经过扩散才能获得收益，而在这方面我国也存在很多问题。在现阶段，很多企业的创意成果还没有在市场上广泛流通，这会造成创意产业的发展机会丧失，如果企业没有解决这个问题，就会严重影响创意企业的进一步发展。比如，我国的网游产业发展势头强劲，但是在源头的游戏创新方面还很薄弱，很多产品都依赖于海外国家的网游开发商，鲜有质量高的原创产品出现，这成为我国网游产业发展的障碍。又如在我国的电视节目发展中，有着很严重的同质化倾向；而在我国电影事业的发展中，国外的先进电影公司的影片对我国电影票房的冲击力也很大。

因此，从宏观上看，创意商业化过程的最后环节和核心环节就是创意扩散。创意能否获得经济利益，或者说能否获得成功，最终需要市场的检验。所以，企业若想发展，离不开创意，而创意产业若想发展，则离不开创意扩散。

（二）我国在文化创意扩散方面的现状与不足

国内目前创意产业的发展情况较国外先进国家相差甚远，尤其是在文化创意扩散中存在许多问题，通过对收集到的资料进行整理和分析，得到以下结论。

首先，在现今的文化创意产业中，创意匮乏，许多文化衍生品存在同质化、风潮化的情况，需要在其中注入创意予以激活。创意缺乏的情况在我国的创意产业中普遍存在，在影视作品等文化产品中体现得更加明显。一方面，原创的东西少之又少，另一方面，抄袭的情况屡见不鲜。例如，从2000年开始，跟随国外综艺节目的创意策划，许多影视节目如电视相亲、全民选秀等在荧幕上活跃。虽然在创作过程中，模仿是扩散的一部分，但要注意的是，它并不能成为文化产业的全部，低级的模仿只会降低节目的水准。与此同时，一些好的创意在国内也会被大肆模仿，使节目观看者产生审美疲劳。比较明显的例子有《潜伏》和《风声》，这两部谍战片获得成功之后，国内大半年时间都上演谍战热,影视行业市场出现了许多诸如此类的作品,观众对此类作品的态度也从一开始的热捧到后来的视觉疲劳,甚至还可能出现厌恶的情绪。大部分的人慢慢意识到这种热闹繁荣只是这个行业的表象,实质上是缺少创意,缺乏有效的创意扩散,大家在琳琅满目的影视作品中挑花眼的时候开始抱怨可选项减少。供给市场逐渐呈现忽视质和过度追求量并存的趋势。

其次,自我国加入WTO后,国内注入了许多新鲜的"血液"。外来资金和文化产品等在给我国的文化产业带来很大的压力的同时,也给我国文化产业带来了新的挑战。在迎接挑战中,我国产业被动改革,许多的环境还有先天不足的情况。例如,产业模式整体不够完善,还未形成成熟的产业链和价值链;专门进行创意活动的从业人员阶层还未健全;产业发展还未完善到建设适宜的人文环境和投资环境;挖掘整理传统文化和民俗文化等目前还处于空白地带;产业规划与未来发展过于依靠政府支持等。

最后,企业在创意扩散这一部分有许多不足之处。企业在进行创意扩散时可以参考以下两个方面:第一,企业要自己进行创新,自身条件的完善是企业取得持续进步的核心动力。第二,创意扩散会在市场上投射出来,所以企业的创意要通过产品这一媒介才能在市场上流传开来。如果企业没有抓住发展机会,将创意有效地传播出去,那么企业将会停滞不前。大部分企业都不能很好地处理创意扩散这一问题,目前我国创意产业的产业链的首端部分还很脆弱,尚未成熟,属于自己的原创创意作品较少。我国网游产业想要健康快速发展就要解决过度依赖海外上游网游开发商这个问题；在动漫产业中，我国虽然拥有专业的技术和独特的文化资源，但是我国动漫在世界排名上还很靠后，这是因为创意没有有效的扩散；与此同时，我国还面临像好莱坞这样的国外电影行业巨头带来的压力、国内电视节目同质化等问题。

综上，当前国内的创意产业发展有许多的不足，但一个最为关键的问题是，企业未充分发挥创意扩散这一环节。创意扩散是使创意转化为商品这一过程中的收关阶段，是最重要的一个环节。一个新的创意能不能完美实现其价值，是用市场来进行验证的，所以创意扩散是影响企业发展和创意产业发展的关键因素。

（三）国内电视媒体发展新格局

传统媒体，特别是以视频、音频传输为手段的电视，面对新媒体的冲击应该如何应对，成为业界讨论的热点。传播学者麦克卢汉曾经说过，媒介总是以叠加的方式向前发展的，新的媒介的出现并不代表旧媒介的消亡。新媒体在传输信息资讯方面有传统电视所不具备的优势，与此同时，电视收视市场"份额竞争"驱使下的蚕食与攻守，使不同类别的节目、不同级别的频道在博弈与磨合中围绕相对的"定额"波动。

新媒体的"新"字首先体现在传播途径上，我们可以看到，无论手机电视、楼宇电视还是IPTV等，其传播途径无不体现着与传统电视的巨大差异。传统电视产业一直保持着电视台—家庭电视接收机这种两点式的直接传播方式，在全国两千多家电视台的瓜分下，在有限的传统注意力资源面前，无异于挤独木桥；而新媒体则充分运用了分众传播，汇聚了受众零散的收视时间，并进一步争夺传统电视的收视市场。

网络较之于电视最大的优势在于，它可以满足受众个性化的要求，更具人性化色彩；IPTV融合了传统广电和电信的功能，既可以在电视机上收看，也可以通过电脑上网收看，它还连接了有线电视网和互联网；移动电视是新媒体中备受关注的一类，其中手机电视产业在新媒体中极具发展潜力，它具有普及率高、便于携带等特征与优势。

传播渠道的多样化增加了社会监督与社会控制的困难程度，新的媒介使审美观念不同的受众拥有了更多的自主选择性，而数字技术也造成受众的分流现象，甚至有学者认为，在多样化传播渠道的发展下，社会受众会走向"超越碎片化的不可预测的将来"。

理解电视观众的碎片化不是认识的终点，而是要找到聚合的起点。社会整体结构瓦解可能会形成众多受传者聚集的"碎片化"。在这种情况下，我们必须对个体消费者的心理需求和碎片化的群体个性进行了解，进而观察整个"碎片"受众部落的个性化特征能否重组"聚众"，即从模糊的大众群体中通过观察碎片的个体消费者的个性小群落的共同文化价值，继而通过扩散传播把他们聚集起来。

在连续几年的观众收视争夺中，省级卫视2009年上半年继续扩大战果，增长幅度不减，市场份额超过25%；省级非上星频道和城市台频道虽然没有回到2007年以前的市场份额水平，但是相比2008年同期市场份额略有回升；中央级频道在2009年上半年的市场份额损失明显。

2009年上半年，省级卫视晚间竞争力的提升主要源自第一阵营的频道获取了更大的份额，收视领先的省级卫视继续领跑，带动省级卫视整体竞争力提升。省级卫视收视取得较大增长的时段是20：00—22：00，综艺节目在各年龄观众中的收视率普遍获得翻倍增长，电视剧和专题节目在电视重度观众——老年观众中的收视时间增长。省级地面频道收视上升的时间段是19：00—20：30，观众收看新闻节目时间略有加长。城市台竞争力两极分化加剧，竞争力强的城市台多来自地域文化特点鲜明或本地经济发展水平较高的地区。2007年上半年城市台份额最高的20个城市平均份额是39%，2009年上半年达到42%；与其形成鲜明对比的是，2007年上半年城市台份额最低的20个城市平均份额是6.3%，而2009年上半年则只有3.1%。

近年来，电视台播出最多的电视剧类型始终是社会伦理、都市生活、言情、近代传奇四大类。2009年上半年，社会伦理剧在地面频道的播出比重为14.8%，在卫视频道的播出比重为10.5%；言情剧在地面频道的播出比重为10.4%，在卫视频道的播出比重为7.7%；都市生活剧在地面频道的播出比重为11.9%，在卫视频道的播出比重为11.1%；近代传奇剧在地面频道的播出比重为10.3%，在卫视频道的播出比重为9.2%。此外，各种谍战片、军事斗争片也层出不穷，在电视剧播出方面占据了不小的份额。

从收视效果看，热播题材的收视率通常较高，形成了"热播—热视"的良性循环。老百姓收看最多的地面频道的电视剧类型是社会伦理剧，其次依次是近代传奇剧、都市生活剧和反特/谍战剧等；而收看最多的卫视频道的电视剧题材依次为言情、当代主旋律、反特/谍战、近代传奇等。

在节目发展过程中，创意是一贯的主题，无论是打造新节目还是革新现有节目，节目高潮往往以创意为前导，反映在节目播出和收视市场上。

2009年上半年，省级卫视在综艺娱乐节目及专题节目等领域发力，由节目策动收视。在连续多周跻身35个城市省级卫视节目收视排行前30位的非电视剧节目中，综艺和故事类专题节目主导了省级卫视的节目大戏。2009年，新节目呈现三个方面的变化。一是"乐"在其中——创造"众乐乐"的体验。此类节目有湖南卫视《快乐大本营》、山东卫视《欢乐逗秀场》和《不亦乐乎》、四川卫视《天下笑友会》、江苏卫视《我的笑星我的台》、东方卫视《笑林大会》、黑龙江卫视《本山快乐营》、天津卫视《快乐家游战》、辽宁卫视《欢乐集结号》和《明星转起来》等。二是"人"力制胜——展现主持人、平民参与者、明星嘉宾的魅力。2009年上半年，综艺节目和谈话节目中主持人的作用发挥得淋漓尽致，其中不乏以主持人名字命名的谈话或故事类专题节目。名人明星嘉宾的号召力毋庸置疑是节目收视的重要来源之一，小沈阳、孙红雷等成为很多省级卫视访谈节目的嘉宾，《快乐大本营》等久负盛名的传播平台结合当下热点创造了明星、主持人和观众的快乐沟通。三是融合塑"形"——多种手法塑造节目形式，融合多种艺术形式、整合多种表现手法已成为省级卫视节目塑形的轻车熟路。唱歌、跳舞、魔术、曲艺等众多艺术种类，与比赛选拔、游戏、主题表演、现场互动等多种节目形式结合，再加入平民、明星和主持人等表现者，交叉组合塑造出多样的节目。

地面频道的市场地位几经起落，时至今日，在受到中央台与省级卫视夹击、自身信号覆盖受限、内容资源相对短缺等多重压力下，地面频道不得不在相对固定、有限的市场范围内，承受更为激烈、更为直接的竞争。2009年，最活跃的新节目类型是综艺节目和专题节目，在所有新节目的总播出量中，这两类节目所占比例达到60%以上。而放下身段，扎根本土，回归民众，融入生活，以创意带动节目收视，成为近期新节目的共同特征。

(四) 电视媒体创意价值的多重体现

电视媒体运营本身就是一种商业手段，其不断积累品牌影响主要是为了获得视频收视率以及广告效益。从目前电视媒体运营大环境来看，电视媒体想要获得自我发展就必须以渠道和内容为基础，增加对忠实观众的影响力，进而促进收视效果转化为广告效益，并且形成无形资产，成为电视媒体运营长期发展的动力。

从目前市场情况来看，电视媒体之间的竞争主要是通过渠道竞争力、内容竞争力、收视竞争力、广告竞争力和品牌竞争力五个方面展开的（见图1-2）。前两者主要取决于电视媒体的投入，收视竞争力和广告竞争力体现的是电视媒体的效益，品牌竞争力则着眼于未来。

(五) 电视媒体的创意扩散研究概况

根据本书的研究目标，对电视媒体做一些相关的概念界定。从产业的角度，可以给电视媒体产业下个定义。所谓电视媒体产业，就是生产和提供电视产品或服务的电视企业的集合。狭义地讲，电视媒体产业就是以生产（制作）、营销、发射和播出电视节目（信息）为主的企业组织及其在市场上的相互关系的

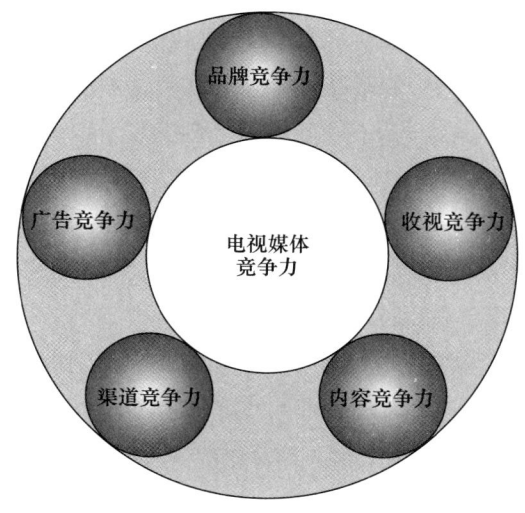

图 1-2　电视媒体竞争的五力联动情况

集合。这里的企业是指大大小小的无线电视台、有线电视台、卫星直播电视台,以及形形色色的电视节目(信息)制作公司、经营公司等,属于信息产业的范畴,也就是第三产业的范畴。广义地讲,电视媒体产业还应包括电视节目的采集、制作、存储、传送(微波、线缆、卫星)、监控、播出和接收设备制造等属于第二产业范畴的企业。本书旨在从狭义的角度对电视媒体产业的相关内容进行研究。

创意,即创作新意之意。从电视媒体运营来看,创意主要包括文化创意和科技创意(通常称为科技创新),但就目前来看,国内大部分电视媒体对于创还仅仅局限在文化创意层面上。著名学者厉无畏认为,当今已经进入知识经济时代,科技是经济发展的动力,作为知识经济的两大核心,文化创意和科技创意缺一不可。科技创意能够降低生产消耗,提高生产效率,为消费者提供更新更高的使用价值；文化创意能够让消费者在消费过程之中体会与众不同的新体验，如观念、感情、思想等，最终提高产品的价值。科技创新通常是通过某种程序或某种方法实现的，且具有版权或者专利权；文化创意则更多是通过产品来传达。另外，国内电视媒体方面的学者张京也认为，把创意变成产业，通过文化创意增加产品附加值是创意产业发展的主要方向。

业界中的一些学者如华建等，将创意产业概念与已有的文化产业概念和行业范畴等同。他们认为，两者都是以文化为核心的新型产业，是能够促进未来经济高速发展的支柱产业。但是，更多的学者则将两者作为两个不同的概念来理解（厉无畏，2005；王缉慈，2005；徐清泉，2005；荣跃明，2004；斯图亚特·坎宁安，2004；西蒙·鲁德豪斯，2001；等等）。他们认为，狭义的创意产业可以被称为高端的文化产业。但从广义来看，两者之间的差别非常大，创意产业在某种意义上更是思想、观念方面的高端产业，这是因为其核心涉及高科技、高文化和高创造力。对此，坎宁安（2004）认为："创意产业是对文化产业的超越，因其作为一个概念和政策的重要因素，所以一直被积极地创新着，而不仅仅是艺术和文化的表述。进而言之，创意产业与文化产业最主要的区别在于创意产业正发挥着新经济优势和特点。"鲁德豪斯（2001）更是干脆就否定了文化产业与创意产业的联系，认为英国对创意产业的定义是"被曲解的和被歪曲的定义史"。不可否认，创意产业与传统的文化产业有着千丝万缕的联系，但两者完全不同。创意产业可以说源于文化产业，却又高于一般文化产业。创意产业的产品往往以具有创意性质的中间产品和服务来显示，例如策划、广告、设计等（荣跃明，2004）。

可以说，创意产业代表着文化产业的前沿阶段和创新部分。对此，欧康纳（2006）认为："文化产业将面临转型，它将'象征性'或'面貌'的价值延伸到之前被认为完全功能化的生产为主的领域，在这个过程之中，文化产业正在逐步转变为创意产业。为此，英国的霍金斯（2003）提出的'创意产业'概念正是在文化产业发展过程中不断形成的新概念。"西方权威机构的研究成果将此转变过程中的创新性概括为以下两点：①创意产业源于文化产业，它是文化产业在资源整合和发展过程之中出现的，其本质是文化的产业化。②创意产业必须严格接受市场的考验（林拓等，2004）。就两者的区别来看，创业产业的概念逐渐泛化，更多强调新理念、新思想和新方式，注重创新。索比（Throsby，2005）认为，"现代文化商品更多体现的是设计者的创意"。从实际情况来看，国内的文化产业更看重服务和产品，而国外的创意产业则不仅仅包括商品和服务，还有对商品和服务的附加值和产业结构提升的要求。综上可知，将创意创业完全等同文化产业的观点非常狭隘，两者内涵仅仅部分相似（王缉慈，2004）。

总体而言，文化产业和创意产业之间的联系非常紧密。对于大多数国家而言，文化产业泛化的概念使得其行业范畴非常宽泛。但创意产业的定义至今仍然为人们所争论，仅仅强调"创造力"使得其往往局限于文化产业的固囿之中，由此形成的定义和行业界定引起的争论非常大。但若类似于文化产业那样界定，又会为实际统计制造困难。出于此方面的考虑，中国台湾地区在综合考虑了两者的联系与区别的基础上，创造性地提出了"文化创意产业"。"文化创意产业"从两个角度出发，既包括文化产业创新，又囊括创意产业文化，从而使得产业文化化和文化产业化。对此，郭少堂（2003）在对比不同的概念界定之后指出，"香港创意工业的概念，内地文化产业的概念，只有真正融合之中，才能发挥更大的作用"。因此我们可以说，"文化创意产业的概念既将文化产业泛化的弊端考虑进行内涵界定，又可以使得创意产业和文化产业的共性相互融合，更能使得经验变成愉悦记忆的产业，最终结合人文，促进经济发展，提高整体生活环境"（王如忠，2004）。

文化产业可以提升人们的文化素养和审美水平，应重视文化产品的制作、生产以及销售等流程，甚至会在统计范畴中纳入图书馆、博物馆等公共事业，由此在界定行业时会计算进很多和创新因素没有关系的部门和人员。而创意产业的主要表现形式就是文化产业，只不过文化产业的金字塔顶端才是创意产业，所以在创意产业中不掺杂那些没有多少技术含量和创新能力的行业。可以说，与创意产业关联的是高科技，创意产业从根本上看属于艺术、文化、科学和技术的结合体；虽然文化产业也能利用高科技，但高科技并不是其必备条件。此外，如果扩大创意产业的外延，创意产业就会涉及众多企业，几乎包含经济的各个领域，即行业中把创意思想作为顶端附加值的部门都可以列入创意产业范畴，不过这种外延泛化势必会对创意产业的数量统计、产业之间的比较造成困扰。所以，我们针对文化创意产业的范围界定只包含创意产业的文化部分和文化产业的创意部分。像中国的北京和上海、韩国等地区则大多采用文化创意产业的行业计算。本书认为，创意产业概念外延性强，可以把具备创意含量的产业都称为创意产业。但是在界定行业时，为了方便比较和计算，可以利用创意产业的狭义范畴，只对与文化有关的创意产业进行统计。所以，文化产业的高端价值部分和文化创新构成了创意产业的主体，几乎相当于文化创意产业的范围。

四　国内外相关研究评述

创意及创意扩散的理论研究相对较少，且以定性研究为主。创意产业刚刚起步发展，在学术层面对其进行的研究要比实践还要少，因此不管是西方国家还是中国对创意产业以及创意扩散的研究都处于摸索阶段。同时，创意产业本身是源自政策手段，加之其复杂的内容和形式，造成各国专家学者对其进行的研究分歧众多、意见不统一，这就促使很多学者的研究目标主要是对创意产业的内涵和外延进行界定，并从理论上概括创意产业的概念，很少对创意产业进行更深一步的探索和研究。所以，虽然在中国的大城市中创意产业已有所发展，但是针对创意产业的学术报告、文章、著作、白皮书等还是比较少的，对其采取的主要是表征性、碎片化的研究，相关学者还没有针对其展开综合性的研究和实践案例分析，可以说对创意产业的理论阐释相当滞后。目前，研究中存在的问题主要有以下几方面。

（1）创意扩散机理研究尚未触及其过程机理，现有的研究多针对组织间的技术扩散，只有少数学者对组织和行为人以及行为人之间的创意扩散进行研究；此外，更加没有学者对创意产业中的主体和创意扩散机理进行更进一步的分析。对创意扩散机理的分析很不完整，这也是由于创意产业是一个非常新的研究领域。浙江大学陈劲教授的学术梯队虽然提出了企业创意扩散的影响因素，但是对每个具体因素是如何产生影响的研究还不够深入，各因素对创意扩散率的影响机理也没有阐释清楚。另外，创意产业容纳众多特点不同的行业，怎样找出创意扩散的核心影响因素是研究创意扩散机理的前提，在这方面还未有学者提出观点或发表论文。

（2）目前对创意扩散的研究主要是以创新扩散的理论为基础加以展开的，而且不同理论之间缺乏系统性。虽然创新扩散可以通过传播论形成较为完整的理论框架，不过在实践中不同变量的分析总是和不同的概念方式相联系的。所以，在对扩散问题进行分析时，各种针对不同因素进行研究的学术著作还处于各自为政的状态，没有统一的学术系统作为积淀。

（3）利用数学模型描述创意扩散，并通过构建理论模型分析实际创意产业发展趋势的研究还处于空白状态。通过查阅国内外文献资料可以发现，目前对于创意扩散模型的研究还是一个空白，究其原因：一是有关创意方面的研究还是一个比较新的领域；二是一部分学者在研究文化产业的发展与振兴问题，而另一部分学者在研究创新产品扩散的有效性问题，两者之间没有交叉，导致创意扩散模型的建立缺乏理论基础和数据检验。

第四节　研究内容与研究方法

一　研究内容

本书首先对创意扩散的影响因素进行阐述，继而在阐明我国创意产业的发展状况后，参考其他相关学者创新扩散的理论，结合我国创意产业实践中的案例进行分析，阐述对创意扩散造成影响的主要因素，并对其进行分类，建立创意扩散的影响因素概念模型，进而解决现有研究方法在思想上的局限性。鉴于扩散是一个物理上的概念，引入物理学中的振动理论，将实现共振的思想融入对创意扩散机理的分析，根据实现创意扩散需要"共振"（共振）的特征，研究现实经济活动中创意扩散最优化问题。本书还探索了创意产业中最具代表性的电视媒体创意扩散问题。在上述分析的基础上，根据所提出的"创意扩散共振模型"及对创意扩散机理的数据分析，结合电视载体的基本特征，对促进和优化该领域内的创意扩散提出具体的建议和措施。

本书主要针对创意扩散的过程和发展趋势进行阐述，并且，以全同创意点作为本书的抽象创意概念，而以统一的社会个体作为本书所阐述的社会系统里对创意产品拥有自主支配权力的个人或组织。在明晰这两点之后，本书对社会个体中创意传播的普遍性规律和发展趋势进行抽象研究，并建立相关模型。建立创意扩散抽象理论模型还能一定程度上促进对创意产业的宏观认识，并为创意产业在现实中的发展奠定坚实的理论基础。可以说，社会系统中的创意是在不间断地随机传播，在传播过程中会和一些社会个体发生接触并作用于其上，或遭到这些社会个体的排斥，或利用这些社会个体进行下一次传播，而通过自由碰触理论可以描述这一传播过程，并通过随机抽样原理把相关的迭替过程构建起来。

二 研究方法与技术路线

本书的研究方法主要有以下几种。

(1) 定性改造方法。在对创新扩散理论进行定性研究的基础上，明确创意产业中影响创意扩散的主要因素，根据基本含义改造创新扩散的表象模型用于描述创意。

(2) 模拟仿真方法。分析影响创意扩散的各因素之间的关联及其主要作用，基于物理学中的共振理论和基本粒子的自由碰撞输运理论，实现对创意扩散机理的定量分析。应用定量研究方法分析各主要影响因素与创意扩散间的统计关系，从而通过运用相应的计算软件来进行仿真运算，得出创意扩散的一般趋势。

(3) 数学模型方法。运用数学模型方法对创意扩散的问题进行建模，通过变量的选取，应用所构建的模型研究创意产业中创意扩散主体与接受者之间的关系，简化复杂主体之间的关系，突出研究主题。

(4) 实证检验方法。通过调研采集实测数据，代入数学模型得出相应的理论计算指标，再与实测指标进行比对，验证模型的有效性。

(5) 抽象概念的实证研究方法。这是纵贯自然科学与社会科学的一个广泛采用的基础性研究方法，即通过原理性的假设和必要的数学体系，建立关于抽象概念的机理关系式，通过机理关系式的推导，将需要度量的抽象概念表征为一系列可以通过实验或实证调查得出的参量组成的实证关系式，在实证关系式中代入实测数据，实现对原本难以具体度量的抽象概念的定量描述。本书对模型的研究均采用这种机理研究与实证研究相结合的方法,该方法不同于一般意义上的实证验证。

(6) 实践综合方法。把相关的研究资料和实际情况进行比较、分析、归纳和评价,综合确定针对现实问题的意见和建议。创意扩散是一个综合的、全面的、动态的、复杂的问题,它不仅包括可控因素,还包括诸多不可控因素,而且影响因素之间又存在着错综复杂的作用关系,需要应用实践综合方法进行综合全面的研究,而不能仅仅依靠初步建立的理论模型系统给出现实建议,必须借鉴相应的工作实践情况。

本书的技术路线见图 1-3。

第一章 绪论 | 29

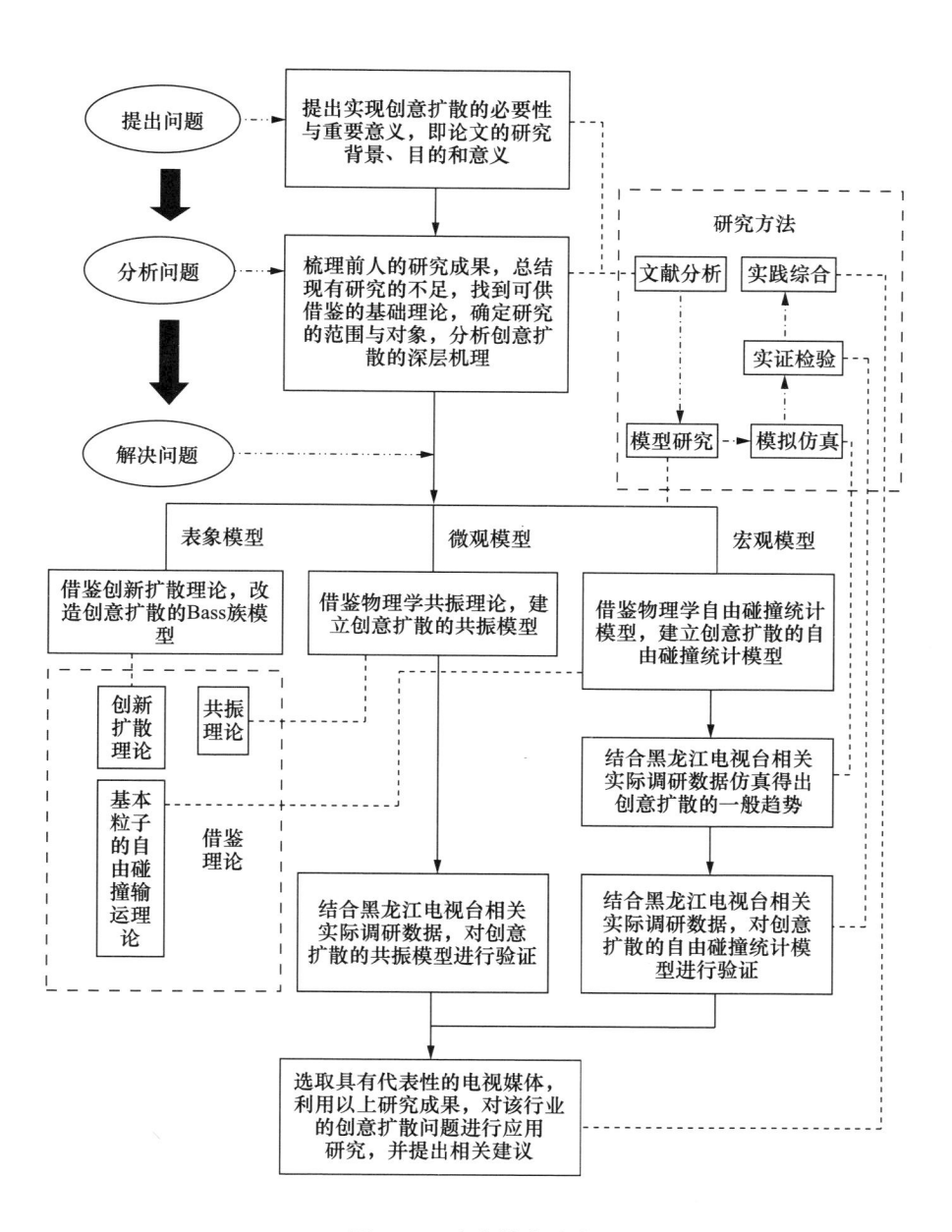

```
┌─────────┐     ┌─────────────────────┐
│ 提出问题 │ ---→│ 提出实现创意扩散的必要性 │
└─────────┘     │ 与重要意义,即论文的研究 │
    ↓           │   背景、目的和意义       │
                └─────────────────────┘
                                              ┌─────── 研究方法 ────────┐
┌─────────┐     ┌─────────────────────┐      │                         │
│ 分析问题 │ ---→│ 梳理前人的研究成果,总结 │ ---→│ │文献分析│  │实践综合│ │
└─────────┘     │ 现有研究的不足,找到可供 │      │      ↕          ↕      │
    ↓           │ 借鉴的基础理论,确定研究 │      │           │实证检验│    │
                │ 的范围与对象,分析创意扩 │      │      ↕          ↕      │
                │     散的深层机理         │      │ │模型研究│  │模拟仿真│ │
                └─────────────────────┘      └─────────────────────────┘
┌─────────┐
│ 解决问题 │ --------→
└─────────┘
          
     表象模型              微观模型              宏观模型

┌──────────────┐    ┌──────────────┐    ┌──────────────┐
│ 借鉴创新扩散理论,│    │借鉴物理学共振理论,│    │借鉴物理学自由碰撞统计│
│ 改造创意扩散的   │    │建立创意扩散的     │    │模型,建立创意扩散的 │
│ Bass族模型      │    │共振模型          │    │自由碰撞统计模型    │
└──────────────┘    └──────────────┘    └──────────────┘
  ┌───────────┐              │                    ↓
  │创新│ │共振│ │                              ┌──────────────┐
  │扩散│ │理论│ │                              │结合黑龙江电视台相关│
  │理论│ └───┘ │                              │实际调研数据仿真得出│
  ├─────┤      │                              │创意扩散的一般趋势 │
  │基本│       │                              └──────────────┘
  │粒子│  借鉴  │              ↓                    ↓
  │的自│  理论  │    ┌──────────────┐    ┌──────────────┐
  │由碰│       │    │结合黑龙江电视台相关│    │结合黑龙江电视台相关│
  │撞输│       │    │实际调研数据,对创意│    │实际调研数据,对创意│
  │运理│       │    │扩散的共振模型进行 │    │扩散的自由碰撞统计模│
  │论  │       │    │验证              │    │型进行验证         │
  └───────────┘    └──────────────┘    └──────────────┘
                              ↓
                    ┌──────────────────────┐
                    │选取具有代表性的电视媒体,│
                    │利用以上研究成果,对该行业│
                    │的创意扩散问题进行应用   │
                    │研究,并提出相关建议     │
                    └──────────────────────┘
```

图1-3 本书技术路线

第二章 创意扩散的基础理论及原因与特性分析

第一节 相关概念的界定

一 创意与创意扩散

创意这个词是西方的舶来品,一般可以理解为创新力或者创造力。《现代汉语词典》认为,"创意"就是我们平时说的"主意""想法"或者通俗语"点子",创意一般来源于个人知识、技能上的创新力。从宏观角度来说,创意是人类把直觉和概念混合的产物,这个产物或复杂或简单;而不管是发展中国家或发达国家的伟大创意都可以产生巨大的社会效益和经济效益。可以说,在知识经济社会中,创意代表着金钱。而随着创意产业的发展,创意与先进技术、艺术等广泛结合,并通过创意产品使人们了解到技术中包含的美学艺术方面的东西。此外,创意更重视个人的天分。对于天分,威廉·杜夫(William Duff,1767)认为,想象力、判断力和品位构成了天分,天分有先天因素,但更多的是后天的培养。所以,可以这样解释"创意":

创意来源于个人文化积累和社会经历积累,并能够在经济和技术高速发展的社会环境中转化为财富型的新观念。

创意产业是一个新兴的产业,创意扩散更是一个相对较新的概念。现有的研究大部分针对的是组织技术扩散,很少有学者对组织和行为人以及行为人个体与个体间的创意扩散进行研究,更没有学者通过创意扩散机理针对创意产业中的创意主体进行进一步的研究,甚至连创新领域研究界的佼佼者罗杰斯先生也因为学科不同,在给出创新扩散方面的力作之后,并没有把这些理论应用于创意产业市场活动内容的建构上。因此,目前对创意扩散的研究主要是以创新扩散的理论为基础加以展开的。有关学者所提出的创意扩散概念发源于创新扩散理论。正如罗杰斯(2002)在自己的著作中所说:"在一定时期内,创新可以通过某些渠道进行扩散,并在社会系统成员中广泛传播。创新扩散就是某些产品如抽象思想、技术以及具体实践在社会系统中扩散的过程。"而 Strang 和 Soule(1998)以及 Wejnert(2002)则认为,传播是利用信息进行沟通,创新则是源向接受者的流动,这种沟通有可能改变接受者对创新接受的可能性。

目前,诸多学者都认为创新扩散就相当于技术创新扩散,二者为统一概念。但是,创意扩散的出现却与传统理念中的技术创新扩散有所不同,其拓展了创新扩散这一概念。正如技术革新的鼻祖 J. A. 熊彼特(J. A. Schumpeter)所说的那样,技术革新总是把大范围的"模仿"当作技术创新扩散。而科莫达(Komda)则认为,技术扩散是扩散或者说转移所引进的技术能力,这个过程可以理解为对技术能力的再理解和开发。此外,美国的著名学者 P. 斯通曼（P. Stonman）则认为，技术创新扩散相当于把一种技术进行推广，使其得到更为广泛的利用。从上述学者的理论中可以看出，现代学术界对于创意扩散的定义认识不一，我们要分清创意扩散、技术扩散、技术创新、新产品营销等概念之间的关系，并准确把握创意扩散与技术创新扩散的定义。

（1）创意扩散与技术创新的关系。对技术创新的概念解释分为广义、狭义两种。从广义的角度来看，技术创新包括技术的研发和技术的商业化应用，包括其技术的传播、扩散全过程；从狭义的角度来看，技术创新并不包含传播、扩散等独立性很强的活动。现阶段我国对技术创新方面的理论和实践研究多集中于技术的研发和商业化应用上，对技术产品的传播和扩散方面并没有过多涉及。所以，本书选取的是技术创新的狭义概念，并对技术创新和扩散进行了区分。

（2）创意扩散与技术扩散的关系。1992年，傅家骥把技术创新扩散分成三部分，分别是创新观点扩散、技术创新实施技术扩散以及 R&D 技术扩散。当然，我们所认为的单纯性技术扩散通常包含技术创新实施技术扩散以及 R&D 技术扩散。通常人们认为，技术创新扩散难并不是因为创新观点难以扩散，而是技术难以扩散。所以，很多人都非常重视技术创新扩散，并认为其扩散过程是否顺利关系到技术扩散是否成功。

（3）创意扩散与技术转移的关系。所谓技术转移就是指由科研单位或高校研发的科技成果转移到企业或工厂的过程。技术创新扩散是把创新产品首次商业化并放大效应的过程，也是创新产品利用多种通道进行社会广泛传播的过程。当然，技术转移和技术创新扩散还是有区别的。技术转移的侧重点是科技产品快速实现商品化，而技术创新扩散则侧重于创新技术的普遍性传播。

（4）创意扩散与新产品营销的关系。技术创新分为工艺创新和产品创新两大类。产品创新扩散和新产品营销关系代表着技术创新扩散和新产品营销之间的关系。正如2002年盛亚所说的，新产品营销理论的重要组成部分之一就是扩散理论，而这个理论可以指点人们更好地对新产品的营销问题进行研究；此外，营销理论也从实际价值上推动了创新扩散的发展，扩散和营销差异性还在于，扩散侧重扩散源和接受者，而营销则是其具体的扩散手段。当然，也可以说，扩散的目的是预测营销，其可以看作营销的第一阶段。

（5）创意扩散与技术推广的关系。国家机构和科研高校是"推广"的主体，创意扩散并不仅仅代表着国家机构有此职能，还代表着社会民间组织的积极行动力，更表现出市场经济在其中的控制作用。因此，创意扩散不仅资源广阔，其机制和体系也更加全面和高效。而从创意扩散的成果来看，既有量的提高，也有质的飞跃。所以，创意扩散不但代表着创新技术的应用，而且是一个动态发展的过程（张永林等，2010）。

综上所述，对于创意与创新的区分是从两者的思想与应用的角度提出的。创意更多体现的是一个思想，是理论上的创新，或者说是一种思路、一个构思；创新则是一种实践活动，是有现实效果与可见的结果的。

创意扩散与相关概念的区分见表2-1。

表 2-1　　　　　　　创意扩散与相关概念的区分概述

相关概念	与创意扩散概念的区分
技术创新	两者的概念有包容或并列关系
技术扩散	两者的扩散过程有被包含关系
技术转移	实现与普及程度上有区别
新产品营销	角度不同、阶段不同的概念交叉关系
技术推广	被动与主动、静态与动态的区别

二　扩散对象的分析与界定

本书通过分析创意扩散的对象，认为可以将创意活动概括为三个环节：创意的产生阶段、创意的产业衍生阶段、创意的商业销售传播阶段。

创意的产生阶段属于文化、艺术、设计的范畴，是非产业、非商业化的阶段。扩散的作用主要依靠创意源产生时的活动内在和产生后的外在修复环节。这个阶段的创意扩散的目的在于对抽象创意概念的收集，这个创意概念可以是一个观点、一个文学剧本，还可以是一个视觉形象。目前，大家主要认同的观点是，创意活动不一定就在经济活动这一范围内，但是只要创意所产生的概念融入经济周边实物或可买卖的产品就产生了经济活动。所以，在创意的产生阶段除了要有设计和文化层面上的创意，还要在创意活动的一开始斟酌产业和商业扩散的可塑造性，并在创意产生的初始化阶段制定适应商业化的提前量。比如我国动漫作品在创意设计环节，负责创意部分的工作者会与负责产业和商业的专业人士交流，专门在造型部分简化设计，以便之后能把控与之相关的派生产品的成本。

创意的产业衍生阶段是指将创意源转变成商品生产的环节，

这是非物质向物质生产转化的阶段，创意产品和创意产业都在这个时候产生。创意不能直接创造收益，创意必须借助产品这个媒介在市场上流通才能实现价值。这个阶段的创意扩散的目的为拓宽产业范围和产品种类，以满足消费者的需要。然而，产生的创意源常常只能符合少数的产品种类，只满足一小部分的消费群体。因此，怎样拓宽创意产品的种类是当下十分关键的研究课题。

创意的商业销售传播阶段的重点在于产品的售卖，这个时期创意扩散的意义通过产品的销售方式和销售途径体现。本书的重点研究对象是创意的产生阶段和创意的产业衍生阶段，因此没有花费过多的精力在创意的商业销售传播阶段的研究上。新创意会衍生出无穷的新产品、新销售途径和新盈利方式，因此新创意可以促进一个国家的经济增长。创意产业是主要依靠智力来进行生产的产业，并且它的生产结果有助于提高大家对生活的追求。

企业生产新创意的意义在于创意的商业化以及在社会中的扩散。其中，在创意产品市场化期间，创意商业化和创意扩散是连续的两个环节，创意商业化注重创意早期的可转化性，创意扩散注重的是末期在社会系统中的流通。简而言之，就是要为企业带来有价值的创意，并且这个创意能在市场中流通。

三 创意扩散与技术创新之间的联系与区别

理解创意内涵的基础是对创造力的理解，在有关词条中我们发现，创造力就是指引来全新的或原创新事物的能力；更为具体地说，创造力就是指对于有意义或全新事物的创造能力。当然，在实际生活中，创造力的概念应用得更为广泛，是指

"思想进行联想并转换为有价值的物质创造过程",表明了创造力正是新思想和创意的展现。2003年,霍金斯(Howkins)在自己的著作《创意经济》中认为,创造力等于一种资产,并成为人力资本、结构资本和智慧资本之外的第四资本。创造力自身拥有的实际价值属性有资格让我们把其视为资产,而创造力因为投资产生的经济效益也是人力资本的重要方面。所以,我们通常以"闲置的点子"来称呼智力资本,而以"闲置的创造力"来称呼创意资本。当然,也有一些学者对创意资本的理解比较狭隘,认为创意资本其实就是文化资本。不过,创造力除了文化、思想和艺术能力,还包含技术和科学创新能力。所以,创造包含文化、艺术、科学和技术的诸多方面,具有美学和人类学上的意义。总之,创造力是以创意为生产的推动力。

当然,我们也需要注意,创意诞生之后就有人把其和创新混为一谈。比如,熊彼特(1912)在对创新进行概念界定时就认为创新是"在新的生产函数和新发明首次应用的基础上建立起来的"。但是,创新的基础其实就是创意,可以说,创新是人在创意过程中所得出的最终结果。因此,著名学者Throsby(2005)认为,"只有创意成为创新的起因,并由此产生技术进步时,我们才能把其放置于经济学的范畴内"。从这个角度来看,创意是创新的基础,只有创意转换到经济生产之中,我们才能以创新视之。此外,艾米顿(2005)在其他学者针对创新所做的定义的基础上,提出了自己的看法,并用3C来代替创新过程,即知识创造、知识转化和知识商业化(knowledge creation, knowledge conversion, and knowledge commercialization)。其认为,创新的定义应该是"创意的诞生到其商业化并最终获得经济盈利的全过程"。所以，创新代表着创意商业化的过程，而创新的基础则是创意，代表最初的"想法"，当这种想法应用于经济实践，即其商业化过程时，就代表创新。与新产品相关的技术变革是创新，技术发明大多注重其功能上的改革，并对其进行创新内涵和创意上的差异对比。例如，厉无畏（2006）认为，创新注重科技功效的变革，而创意则注重文化应用。而Howkins（2005）认为，创新属于团队竞争性的活动，而创意则是个人主观性的活动。此外，胡晓鹏（2006）还指出，创新与创意从狭义上看主体不一样，但是随着文化创意化发展，我们习惯把创意和文化联系到一起，而把技术和创新联系到一起。当然，我们也可以说，文化创意是技术创新的决定因素，而技术的创新又反过来推动了文化创意的发展。因此，从这个层面来看，创意比创新的内涵更深刻，而创新比创意更有外延性。

第二节　创意扩散的表象理论

　　创意扩散理论来源于创新扩散理论。通常我们可以把创意扩散理论划分为传播论、学习论、效益论、代替论和博弈论五种。这五种理论均属于建立在现象分析和结果统计基础上的表象理论，均未能触及创意扩散的内在机理。本书在概念上主要涉及其中的传播论，并对其略加分析，而对其他理论仅作比对性介绍。

　　（1）传播论。传播论是创意扩散理论最典型的理论，同时也是影响最广泛的理论。传播论的代表性学者是 E. M. 罗杰斯（E. M.

Rogers)。1983年，罗杰斯在自己的著作《创新的扩散》(*Innovation Diffusion*)中表示，在一定时期内，创新可以通过某些渠道进行扩散，并在社会系统成员中广泛传播，而这就是扩散。所以，扩散同时也是新技术信息传递的过程。正如罗杰斯所说，扩散的本质就是把自己的新想法传递给更多的人，而创意扩散也就是指其抽象的想法、技术或者其他实践在社会中的广泛传播。[1] 浙江大学的著名学者许庆瑞教授则认为，"技术创新扩散是在创新技术的应用下，利用某些途径在社会各接受方之间的扩散并随着时间流逝进行广泛的推广、传播和应用的过程"。[2] 此外，清华大学著名学者傅家骥指出，"创新性的技术通过某些渠道在社会潜在使用者间进行传递的过程就形成了技术创新的扩散"（傅家骥等，1992）。

（2）学习论。这种理论认为，技术创新扩散并不是单纯的信息传播，在技术创新扩散的过程中还包括新技术的采用，这个过程也是一个学习的过程。正如著名的经济理论者 E. 曼斯菲尔德（E. Mansfield）曾经说过的，信息扩散本身就是一个再学习的过程。在扩散最初，加工新的工艺或产品类似于新思想需要进行开发与研究，在此过程中，必须对其产生的技术问题予以解决。按照"学习曲线"定律，只有新产品在平稳设计之后，才能降低新产品的生产成本。而且，在扩散过程中也需要重新优化资源配置。中科院著名教授顾淑琳就曾经这样定义技术扩散："新的技术通过人们研究认为其具有一定的可行性，进而流

---

[1] ［美］埃弗雷特·M. 罗杰斯:《创新的扩散》，辛欣译，中央编译出版社2002年版，第109页。
[2] 许庆瑞:《研究、发展与技术创新管理》，高等教育出版社2009年版，第103页。

通到社会潜在使用者中被其在生产中广泛使用。"① 1995 年，著名教授陈国宏也从"技术势"概念入手定义技术扩散，认为其属于技术传播，并且是低技术势系统向高技术势系统转化学习的过程。他的观点有力地补充了技术扩散的传播理论，并把学习理论引进技术创新扩散的领域。

（3）效益论。美国的著名经济学家 J. C. 梅特卡夫（J. C. Metcalfe）研究了扩散对于经济增长价值的影响，认为学者们研究创新扩散理论，主要是为了表示对新技术与经济结合而导致经济结构更改这一过程的关心。在这一过程中，学者们可以水平观察与扩散相关的结构变化，进而观察扩散从新商品到企业再到个人行为乃至整个产业的宏观发展变化。梅特卡夫还认为，大多数扩散变化都处于微观层面，然而对扩散变化进行研究的意义则远远不止对其微观创新的影响。可以看出，梅特卡夫的观点表明了微观水平对经济结构的变化影响。此外，方新（1991）认为，企业和机构在经济利益的驱使下才进行技术的创新与扩散活动，这个活动也是日积月累的改善过程。

（4）代替论。创新扩散的传播论对创新的第一次利用和其后的模仿进行假设，认为这是两个完全不一样的行为。熊彼特最早开始对这种"创新—模仿"理论进行研究。这种观点认为，"潮流"效应是扩散的核心，消费者是否采用现产品取决于选择该产品的消费者。在这种情况下，扩散随着"潮流"的变化呈现不同的"S"形曲线形态，或者如逻辑曲线般对称，或者如 Gompertz 曲线般不对称。当然，很多人也对熊彼特的"创新—

---

① 顾淑琳：《OECD 国家中的技术扩散》，《科学学译丛》1990 年第 1 期，第 43 页。

模仿"理论进行了批判。例如,萨哈尔(Sahal)认为,扩散过程实质上是新老技术交替的过程。在这个创新扩散过程中,我们引以重视的是新技术怎样结合经济而引发经济结构的变革,并且在这种变革中新技术如何部分或全部地把现有技术代替(Metacalfe,1991)。

(5)博弈论。这种理论认为,假如存在着线性的需求,则在增加企业数量的同时会延迟企业采用新技术的时间。所以从本质上说,垄断性博弈会产生技术创新扩散,通过博弈对策的时间可以使新技术的潜在利用者对新技术使用的时间进行推测和最终确定。

在以上五种有关创意扩散的理论中,本书主要对传播论进行阐释,而对其他的理论不作深入分析。前文已述,传播论的影响最为广泛,其中最有代表性的学者就是罗杰斯,他的著作《创新的扩散》堪称创新扩散领域研究的经典力作。他认为,创新扩散就是在时间的范畴内,通过各种方式让广大社会系统成员接受新思想和新产品。最初,扩散起源于技术革新,但是随着时间的推移,技术逐渐被使用者利用,而新的使用者或演变为这些潜在新技术的提供商或将这些新技术向社会潜在使用者进行传播,导致没有采用新技术的使用者越来越少,最后为零,到此整个技术扩散过程结束。2002年,虽然罗杰斯对整个创新过程进行过描述,但是从他的著作中可以发现,其研究的主要是创新扩散、接受环节以及形成扩散的因素等,他还建立了创新扩散理论。此外,Deshpande(1983)将罗杰斯的著作《创新的扩散》与布朗(Brown)和萨哈尔(Sahal)两位学者的创新论著进行综合对比,并根据技术革新发展的过程,对上述三位学者各自的研究范围进行划分。其中，罗杰斯主要针对创新扩散和扩散结果进行研究。他们在创新扩散领域的研究范围具体见图2-1。

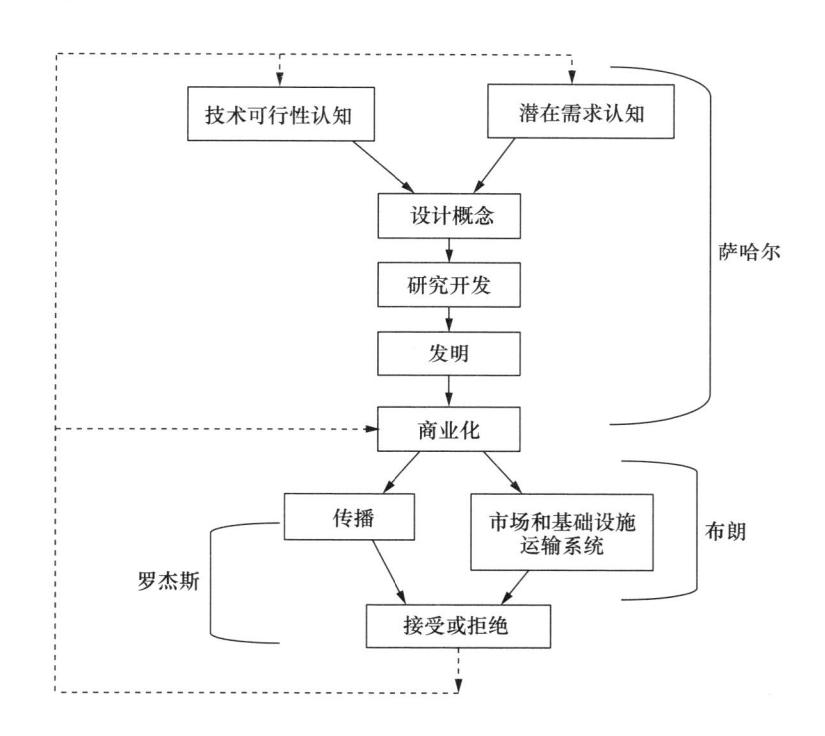

图2-1 几位代表学者在创新扩散领域的研究范围

资料来源：李艾：《电子商务技术扩散影响因素实证研究》，博士学位论文，浙江大学，2005年。

在对以往学者的研究成果进行分析总结的基础上，罗杰斯总结了创新扩散的创新特征的影响，具体有以下五个方面。

一是相对优势特征。相对优势指的是创新比别的可能被替代的方式所具备的优点。相对优势的评价因素众多，除了传统的利用经济因素进行评估，还能利用满意度、方便程度以及社会威望进行评估。

二是相容性特征。相容性指的是创新成果是否和消费者的个体需求、潜在客户的经验心得以及社会价值观融合。如果这项创新产品与社会价值观融合，那这项创新产品被采纳的速度就要比不被社会价值观包容的创新产品快。

三是复杂性特征。这个特征指的是创新成果被接收者理解的难易程度。一些创新成果很容易就被接收者理解或使用；相反，另一些创新成果则非常复杂，一般很难被接收者采用。

四是可试性特征。这个特征是指，如果相关条件允许，某项创新成果可以先进行试验，而这种创新产品可以分阶段采用，自然比那些没有可试性的创新产品更容易被人接受。

五是可观察性特征。这个特征是指个体能够在多大程度上了解创新的成果。有些创新产品易于采用，传播容易，而有些则很难进行传播。有些创新产品在无意识中就被潜在的接收者接受并进行传播，但有些创新产品则和这些产品相反，并不具备可观察性特征。因此可以说，某项创新成果越容易被个体观察到，就越容易被潜在接收者采用。

罗杰斯对这些创新特征进行了总结：假如个体觉得一项创新成果可视性高，具有相容性和相对优势，而且操作简便，那么此项创新成果就比其他创新成果的传播速度快。此外，罗杰斯认为，传播还要受到传播渠道的影响。传播渠道有很多种类，一般认为有两种，即大众传播渠道和人际关系渠道。（1）大众传播渠道。这个渠道是最快最有效的传播渠道。它可以利用广播、电视、互联网等媒介让潜在接收者了解到某种创新成果。

大众传播渠道是利用一个源头或几个源头把信息迅速传递给诸多受众,大众传媒可以改变薄弱的观念,并创造和传播信息。(2)人际关系渠道。人际关系渠道是指两个或两个以上的人面对面进行信息沟通。此渠道在针对那些冷漠型或对立型受众时最有效。可以说,人际关系渠道能说服个人把某个强硬观念改变,并造成信息的双向交流。此外,2002 年,罗杰斯在自己的创新扩散理论中指出,时间和社会系统也可以对创新扩散造成影响。他认为,时间可以决定个体采用创新成果的早晚,或者在某个时间段中看到采用创新成果的人群数量;而社会系统则与系统规则、社会结构等有关。

在过去研究的基础上,Wejnert(2002)总结了行为人是否接受创新成果的影响因素,并把这些影响因素整理为三大类,具体见表 2-2。

表 2-2　　　　　　　　创新扩散的影响因素

影响因素	创新特征	创新者特征	环境因素
各因素内变量	公共与私有结果	社会实体	地理环境
	成本与收益	对创新的熟悉程度	社会文化
		地位特征	政治情况
		社会经济特征	全球一体化
		社会网络中的位置	
		个人特征	

资料来源:Wejnert, B., "Integrating Models of Diffusion of Innovations: A Conceptual Framework", *Annual Review of Sociology*, 2010 (7).

可以看到,Wejnert 与罗杰斯的研究成果有一部分交集。例如，Wejnert（2002）认为对创新的熟悉度类似于罗杰斯（2002）在自己著作中所说的可观察性、相对优势、复杂性等创新影响因素等。

现阶段学者对创新扩散影响因素的研究仍然较多，尤其是喜欢研究影响组织采用创新的因素。2002年，盛亚在参考前人研究成果的基础上，对厂商采用创新的影响因素进行了分析，具体见图2-2。

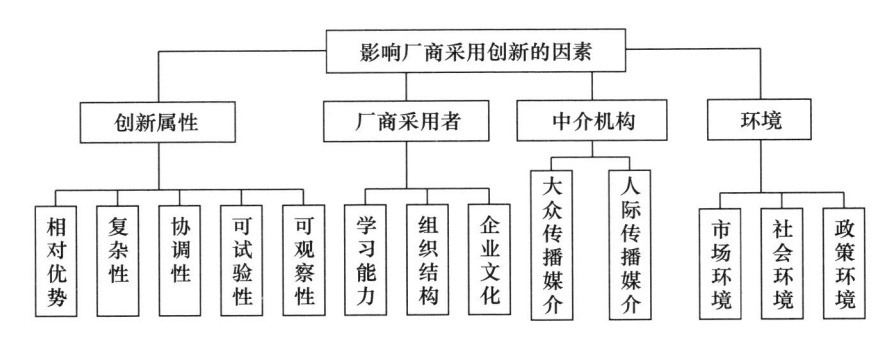

图2-2 影响厂商采用创新的因素

资料来源：盛亚：《技术创新扩散与新产品营销》，中国发展出版社2002年版。

第三节 创意扩散的原因分析

一 创意扩散的外在原因

（一）时代精神对创意的热衷和追捧

法国社会学奠基人塔尔德在《模仿律》中的观点是，"风俗—时尚—风俗"是社会在运转时的一个循环规律。古老的模式占优势的时代是风俗的时代，而当优势常常站在新颖、奇异的模式一边时,那就是时尚的时代,在时尚的时代中,一切新东西都值得钦佩。如今,是一个时尚引领的时代,出现了无法计量的新鲜事物,让大家的日常每时每刻都出现改变。大家都喜欢创新,对新生事物,大家的好奇心胜过防备心。当今大家都信奉塔尔德的格言——"凡是新的都是值得赞美的"。拿我国举例,创新被列为我国五大发展理念之一,是我国社会的主流思想,是当代社会频繁使用的一个词语。毫无疑问,创新的出发点是要有创意,创意也是一种文化知识层面上的创新。当下,大家都崇尚个性发展,创意则是大家表达个体差异的重要形式,完美诠释了大家努力追求不同、追求个性与追求发展的想法。所以,创意要被社会推崇,让创新融入人们的血液,这样才能推动创意在市场中的扩散。

(二) 知识经济下精神需求的拉动

精神上的追求和物质上的追求都是人类最基本的需求,同时也是比较高级的需求。但是,只有在物质需求被满足的时候人们才会去找寻精神上的需求,它们都与社会制度和文化条件息息相关。现今,我国社会经济文化快速发展,物质财富日益增长,人们的精神需求也随之增长,大家开始更多地追求知识、快乐和美丽,产生自我满足意识,更加注重自我实现、全面发展,更加迫切地需要更多高品质、高品位的文化产品,需要更多的多姿多彩、个性化的文化服务。就像马斯洛需求层次理论所说的那样,只有在低级的生理需求和安全需求得到满足之后,人们才会追求自身价值等更高级的需求,自身价值实现过程中最重要的一个点就是创造美和判断美。人类自身内在的冲动会产生审美,而审美是追求自我实现过程中必不可少的一部分。

现在是知识经济的时代，经济的增长直接取决于知识转化为产品的流通率和使用率。知识经济最主要的特点就是知识密集型的软产品，即运用知识或信息这类知识产品所带来的知识财富，这类财富会远远超出传统技术产生的物质上的利益，从而成为社会财富的关键来源。处于知识经济的氛围中，创意作为知识文化层面的创新，理所应当地成为个人乃至社会都关注的重点。

二 创意扩散的内在原因

（一）创意扩散是创意产业发展的必要条件

创意作为创意产业的关键要素，表现为两种理念——形象或是文化。创意在市场中传播产生了创意产业。创意扩散不仅可以给创意行业创造大量的财富，而且还能扩大企业的知名度、提高企业的形象，是创意产业的生存基础。给企业提供新创意的目的是创意的商业化以及在社会中的扩散。其中，在创意产品市场化期间，创意的商业化和创意扩散是连续的环节，创意的商业化注重创意早期的可转化性，创意扩散注重的是末期在市场中的流通。简而言之，一个企业要拥有有价值的创意，这个创意要能在市场中流通。只要创意能有作用的扩散，就可以带动一个企业甚至一个地区或国家的创意产业发展。

自古以来创意产业就存在，为何在当今时代适用且发展快速呢？这不仅是因为在知识经济条件下人们需要不断增强社会经济的拉动力，而且信息技术的进步促使创意扩散效率大幅提升，成为创意产业最重要的发展动力。比如，《红楼梦》一书增加或者删除五次需要耗费十年的时间，在抄写上花费了很多精力。但是不可否认，《红楼梦》最开始是靠用手抄写在民间传开的，在现在看来这是一种经济效率极低的运行方式。即便电影已使创意以经济化这种方式出现，但是其中消费者和生产者之间的距离也消耗了大额的成本。20世纪80年代观看露天电影需要专门的人骑摩托车从厂里运送电影胶片，观众常常会经历花上几小时焦急地等待电影胶片运输的过程。如果电影行业想要形成完整的产业链，除去拷贝和输送的成本，还要加大对影院建设的投入，这样才能缩短电影和观众之间的距离。现如今，大家通过宽带互联网可以随时随地收看自己想看的电影、电视节目，在手机上，只需安装相应的应用软件，仅仅几秒钟就可以下载一个小视频，如果想下载电影也只需要短短几分钟。在网上人们都在享受创意带来的成果，创意扩散速度的加快使创意在市场中呈现迅猛增长的趋势。所以说，创意产业的发展与创意扩散息息相关。

（二）创意扩散是创意产业集群形成竞争优势和知识共享的内在需求

产业集群是一群在位置上距离很近的、互相之间有联系的企业或相关联的机构，它们在一个指定的产业范围共同存在，由于具有相同之处并能够取长补短而产生关联。产业集群的产生可以帮助集群内的企业取长补短并且学习到不同的知识，同时将外部资产与知识利用进行结合，从中获取利益。创意产业的主要生产要素是知识，创意产业集群的发展较传统产业尤为依靠集群中资源的分享和创意从事人员间的沟通。产业集群理论的观点是，产生企业集聚最基本的特性是经济外部性，这种特性源自非正式创新网络内部的知识外溢、资源共享和社会文化束缚等。互补活动的成本随着以上元素的外传和分享下降，形成群体经济效应。弗里曼指出，集群内部存在知识溢出效应，它可以有效地促进集群的成长，使集群经济效益呈上升状态，是集群创意产生以及提高生产力的根本动力。从知识观的角度调查发现，新经济相关资料重点提到了技术外溢和知识累积的作用，认为知识外溢可以有效回答空间上提高速度的差异和经济增长的布局的作用，并且将产业集群分成创新型集群和低成本型集群两大类。显然，创意产业归属于创新型集群，这个集群最基本的特点是拥有良好的工作环境，具有高质量的创新和功能的灵活性。此外，因为创意产业集群具有创新的复杂性和不确定性、产品生命周期缩短、需求追求特别等因素，创新的模式从以前的线性向现在的非线性复合过渡。一个企业如果仅通过自身创新，很难保证各个环节的创新成功率，但如果通过集群内企业相互探讨、相互合作的方式进行创新，其基本条件比独立的企业都优越，这种方式开辟了一条不断创新的道路。在创意产业集群中，知识外溢和分享主要体现的是集群内知识传播和共享速度加快，从而提高集群的竞争力。

三　创意扩散的必要性

本书是站在创意扩散的层面对文化创意产业进行研究的，文化创意产业以创意扩散的方式集群化，文化创意产品以创意扩散的方式延伸。决定从这一角度切入研究的主要原因如下。

首先，文化创意产业凸显了它的文化特性，只站在经济学的层面来研究是不够周密和谨慎的。放眼中国上下五千年可以看到，文化创意不仅仅为当今社会所拥有，在很早以前古人就会运用文化创意来推动产品的流通，比如在中秋节的时候，古人运用"嫦娥奔月"的神话故事促进了月饼的售卖。但是一直到现在，文化创意产业才取得这么大关注，原因是什么？原因主要集中在以下两个方面：第一，在知识经济时代的氛围中这种特性能指引大家进行消费观念和消费行为的改变，把消费重点从物质转化为精神、从衣食住行转化为创意消费，这种改变可以扩大文化创意产品市场，也可以变成推动文化创意产业发展的直接动力。第二，技术进步和传播方式的多元化是文化创意产业发展的间接推动者，它使创意最大程度地扩散。这些因素创造了文化创意产业蓬勃发展的现状。创意扩散直接产生的结果是文化创意产业带来大量的物质财富，间接带来的是庞大的社会效应，文化创意产业会因此提高自身知名度，产生"品牌效应"。由此不难看出，创意产业的生存离不开创意扩散。创意只有在被有效扩散的时候才能发挥出自身价值，这时文化创意产业的成长才会被国家和地区这个层级考虑。因此可以发现，文化创意产业成长的核心原因是创意扩散，根本动力也是创意产业成长的基本推动力。并且，创意产业想要与时俱进、永葆动态活力就要进行有效的创意扩散，这是极其关键的因素。

其次，创意扩散会给文化创意产品种类的增加、产业集群的形成和发展带来巨大的影响。有如下两点原因：第一，文化创意产品延伸主要是由于创意扩散发生作用，使文化创意产品的类型和属性大大拓宽，从而满足大范围消费者的需要。在传统的产业集群理论中，知识外溢会推动产业集群的形成，同时也是集群进行竞争的优势来源。在创意产业集群中，知识的外溢表现为知识与创意在集群内部流通，所以说创意产业集群的出现和发展是因为创意扩散。第二，在集群外部对创意进行传播扩散，会导致创意产品进入市场，产品转化为利益，创意产业集群因此快速发展。而且，创意扩散会带来一定的品牌效应，创意产业集群也会因此提高自身的知名度。美国经济学家舒尔茨在《论人力资本投资》一书里提出，没有扩散，创意就不可能实现产业扩大化和利益最大化。由本书可知，创意扩散的关键要素是创意源和它在不同阶段的不同表现方法。

第四节　创意的特征及其对扩散的影响分析

凯夫斯认为，创意产业中的创意有如下几个特征：第一，消费者对于创意产品的需求是不稳定的；第二，创意产品注重其自身的个性和与其他产品之间的差别；第三，创意产品特别关注纵向区分的技术；第四，创意产品可以做到长期盈利，产品可以长久存续。我国很多专家在凯夫斯观点的基础上表述了对创意及创意产业特征的想法，他们基本上都是从经济学和市场营销的立场出发，阐述创意产业及创意产业产品的特别之处。站在扩散理论的视角来说，创意产品的创意知识与传统的知识有很大差别，并且产品特性也不同于其他产品。创意扩散时表现的独特性是由上述的创意特性决定的，体现在产品和知识这两个层面。

一　创意产品的特性分析

主要以"软件"形式为主。创意产品多以"软件"的形式为载体，如荧幕上的电影、电视中的广告等。这种方式会出现直观感受不好、扩散过程不容易被追踪或查看的问题。这也是基本上没有专家研究这种类型扩散的原因。还有其他的创意产品，如书画、图书等，即使作为有形的"硬件"产品展现出来，但是拿它自身的产品价值来说，主要体现在它内在蕴含的"软件"信息上。作为传统产品的创意产品以手工制品为例，其包含的文化内涵和设计理念等"软件"信息才是作为商品本身的特点突出显现出来的。所以，商品中所体现出的创意即使经过商业的加工再对外展现，总的来说也依然显示出以"软件"为核心的特征。创意的扩散和传播因上述特征增加了它的便利，通过使用现今发达的科技设备，"软件"形式的创意产品能快速在国内甚至全世界售卖，最后达到占领市场的目的。

把信息当作核心。可以把创意产业称为内容产业，因为产品的关键元素是创意产业里的内容和信息，而不是单纯"软件"的创意产品或者依附于"硬件"的创意产品。创意产品的价值基本上都聚集在商品所传达出的消息上。另外，虽然创意产品的核心是信息，但是它一般含有的信息量不大，且大众易于接受和理解，比如一条广告、一种执行方案就像是一则新闻，在短短几分钟内就能被大家理解。创意产品具有信息量小、易懂的特征，这种特性减少了创意扩散要花费的成本，提高了扩散的速度，创意的宣传也随之变得相对简单。

可以通过差异化的方式取胜。创意产品的生产基于消费者不稳定的消费需要，以达到人们的日常所需的差异化需要和其他深层需要为目的。这就是创意中所谓的"无中生有"，即通过无尽的创意冲破现有事物的束缚，以推动其财富资源增加向软驱动方式变化。迪士尼是一个最好的"无中生有"的例子。通过最近几十年的成长可以看出，迪士尼根据市场的需求，时刻保持创新，不断创造新的产品，在产品中注入新的创新思想，增加其所含的科技含量，因而在同行业的竞争中脱颖而出，是世界上著名的娱乐品牌之一。它的子产品如玩具、动漫、家居、服装和游乐场等项目不仅引领了创意消费，给品牌带来了十分可观的利润，也创造出新的市场需求，创造了一个崭新的娱乐业成长模式。所以，创意产品的形式、用处千差万别，作为同一种类的产品，其不同的品类在内容、形式上的表现会有所不同。创意产品之间的追逐以相互提升、相互给予创新的共赢角逐模式替代了旧有激烈的零和博弈。这种新竞争模式的产生也是创意产业以集群为主要发展模式的基本因素。由于需求的深层性、不稳定性和市场界定的模糊性，创意产品更应该通过媒体渠道传播和推行来激发消费需求，挖掘隐形市场。

具有持久盈利性。创意产品由于末期投入不多，能达到其商品长时间获利的目的。在传统经济环境里，占有最后的10%—20%的市场份额是不利于产品自身发展的，甚至有淘汰的可能。这其中的道理很简单，最后10%—20%的市场是花费成本最多而获益最少的，这是因为成本递增和收益递减同时起作用。而在创意经济时代里，没有这种情况的限制。最后10%—20%的市场可以成为花费成本最低但是获利最高的市场，这是由于边际成本递减和边际效益递增。举例来说，如果不考虑禁止垄断等层面的问题，仅依靠市场的自动选择，占有最后10%—20%目标市场的成本只是增加与收益相比一小部分微乎其微的复制成本，但是在基本不追加投资或边际投入极其微小的情形下，会收到比想象中占有最开始的市场份额更多的利润。这个特征也使企业在创意扩散过程末期对选用人员予以了更多的关心和考虑。

具有可体验性。创意经济还可以被叫作体验经济。这就说明创意还有另外的特征——可体验性。它可以指消费者在对创意产品消费前感受创意产品，还可以指创意产品给消费者打造了一种试用感。这里重点指的是可体验性的表层意思，以表达在创意扩散过程中可以预先体验创意产品所带来的便捷性。如果购买一件艺术品，在购买前我们可以先预览这件艺术品，估计这件艺术品的价值能否在精神上带来满足，这种提前体验就缩短了购买环节所花费的决策时间。又如电影上映前会先发行海报和宣传片，某些 App 会有免费试用期等，这些都是创意产品的体验期，体现了它的可体验性。创意产品的可体验性会带来创意产品传播速度比传统产品传播速度快的结果。

二 创意知识的特性分析

创意知识具有灵活性。一般的创新都源自专门的研究组织。研究组织的研究方式一般偏向保持稳定性和连续性，在创新的灵活性上有所缺失。创意的产生过程和传统的创新的产生过程相比更加具有不确定性，大多数源于艺术家个人的灵感。创意的这个特性更加方便创意集群间进行互相探讨和学习。显而易见，灵活的创意和系统的创新相比，前者更容易被借鉴和模仿。

创意知识具有通用性。创意知识还有另外一个特点，即可以从一个创意引申出无数个适用于各个行业的衍生品。不管是英国的《小猪佩奇》还是美国的《复仇者联盟》，它们都是通过创意带动了众多产业，出现了小朋友的玩具、老少皆宜的服装和同款周边家居等一系列的衍生产品，使利益趋近最大化。

创意知识具有相互激发性。在创意经济年代，创意可以作为一种劳动投入要素，创意作品用一种生动形象，通过互动性的方式来展现对过去、现在以及未来的独特见解，并且用产业化的方式来实现提升消费者效用的目的。这个时候，消费者效用不仅体现在传统范围的知识吸收和学习收益上，而且体现在基于文化认同产生的共识和同化上，还有可能带动消费者的创造欲，使他们也参与到创意供给的环节中，从而将消费者的效用挖掘到极致。创意的资源由于有更多创意者参与其中，在不同的产业中持续增长。

第五节 文化创意的要素、方法和过程

从图 2-3 所示的文化创意流程中，能清楚地看到文化创意由产生到扩散的过程。

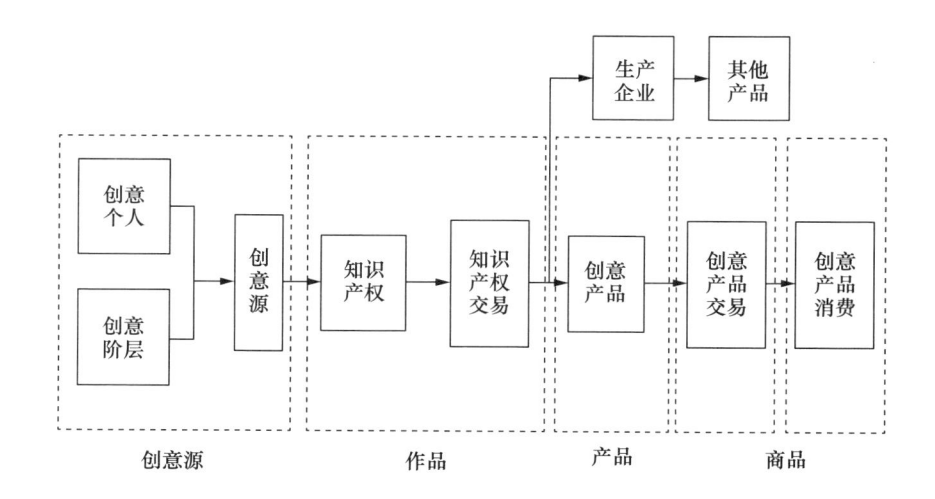

图 2-3 文化创意流程

这里把文化创意流程分为三个环节。第一个环节是创意源的产生。创意源是由创意的创造者（个人或阶层）对创意客体进行创意活动从而产生的抽象的创意概念集合，后续的创意作品、创意产品等都将以创意源为轴心展开，它是后期进行创意活动的根本动力。有两种产生创意源的方式：第一种是创意主体（个人或阶层）的纯原创作品。第二种是对原有的文化元素解构重组，进行再创造。要根据指定的方式方法进行创意活动，例如最典型的头脑风暴法。

第二个环节是创意的产业化和扩散。先将第一环节得到的创意源申请知识产权予以维护，然后将创意源投入生产，创意源就转化成为创意产品，在交易中实现价值。创意扩散的意义是在创意产业中将创意源进行引申，使创意产品变得多元化，使产业链条拓宽。在这一环节中，创意扩散的目标是把创意源衍生出多种多样的产业和产品形式，使创意源的作用达到最大化，实施有作用的创意扩散。

第三个环节是创意产品的传播与销售。这是商业化的范畴，最后创意产品满足创意消费者的消费需求，完成产品到商品的转化。

一　文化创意的要素

（一）创意源

创意源是被创意创造者打造出来的一种模糊的、简短的，拥有特强延伸扩展能力的非物质概念集合。它会体现出消费者的价值观念，要具有高雅文化消费价值、艺术审美价值，同时也要有很强的可塑性和适应能力，能够最大程度地融入多种产业形式，并且能灵活地将创意产品转化成有形或无形的状态。

给创意申请知识产权，创意源就会获得法律的庇护，运用转让专利的方式可以使创意源带来经济价值。成功通过市场的检阅后，创意源最终会转化为一个品牌，围绕品牌会引申出与该产业相关的其他周边产业。创意源是创意活动生产的成果，是创意扩散的核心，在创意活动的整个过程中起决定性的作用。

（二）创意主体

创意主体的概念有广义和狭义两类。广义上的创意主体指创意个人和创意机构，狭义上的创意主体特指创意阶层。创意阶层是如今广为流传的一个词。此概念来源于理查德·弗罗里达的《创意阶层的崛起》一书。创意阶层是通过创新性质的劳动获得经济收入的一个阶层，是继工业经济时代的劳工阶层、商业经济时代的服务阶层之后，在如今的知识经济环境中利用创意收获物质利益、运用脑力来工作的群体。创意阶层主要由科学、艺术或音乐等职业构成，该阶层的人员发挥自己的特长和智力，将创意与现代的高科技或传统的工艺完美结合，将文化元素与作品充分融合。创意的来源可能是个人突然的灵感，也可能是一个工作团队集体的创意成果。

创意创造者是文化创意产业最具有关键竞争力的部分，是整个创意的中心。表面上，创意源是一个非物质化的概念设计，实际上只要创意源经过衍生和扩散，就能带来更多的经济财富和精神财富。所以，创意产业对创意群体或创意个人有非常严格的专业素质要求，具体来说：第一，要有超于常人的想象力并且能把控住想象力；第二，要有渊博的知识储备，不限制在某一个领域；第三，要拥有敏锐的观察力以及熟练的整理和总结能力。对创意主体的专业素质要求已经远远超过了普通的知识层面，上升到了智慧的高度。在产业中，这是对人才综合素质的最高要求。

（三）知识产权

知识产权是指公民或法人等主体依据法律规定，对其从事智力创作或创新活动所产生的知识产品所享有的专有权利，包括人身权利和财产权利。

知识产权具有如下特点：（1）知识产权是一种无形财产；（2）知识产权具有专有性；（3）知识产权具有时间性；（4）知识产权具有地域性；（5）大部分知识产权的获得需要法定的程序。

（四）创意产品（创意商品）与创意受众

从图2-3可以看到，创意作品通过生产转化为创意产品，再通过销售转化为创意商品。将创意作品、创意产品和创意商品放在一起是因为这三个要素间具有缜密的逻辑性，一环接着一环，具体情况见图2-4。

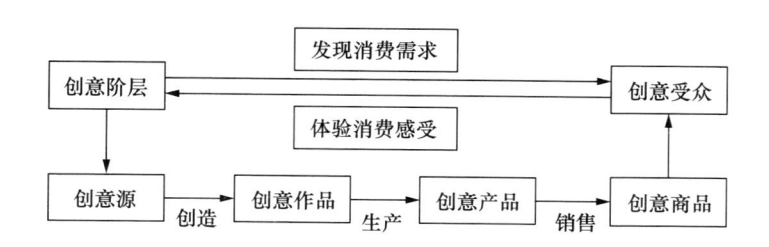

图2-4 创意源演变流程

人类社会的产品形式从之前的实物产品、服务产品、品牌产品发展到了现在的创意产品，不同时期的人们对产品种类的需要不同。不同类型的产品，受众类型也不同，创意产品的受众主要是对创意产品有需求的群体。我们可以看出，人类不仅仅只有简单的衣食住行上的需求，还有丰富多彩的生理及心理上的需求。为了更高级的需求得到满足，人类在思想观念、文学艺术、道德规范和行为准则等方面还存在更高层次的追求。创意产品不同于一般产品的形态，人们在为创意产品买单时，实际上是在为这一类有创意的思想观念和行为买单，自己的社会行为也会随之受到影响。因此可以得出结论，社会行为的产出会受到市场对创意产品需求的影响。

我们可以把创意产品（创意商品）的特点总结为以下四点。

第一，我们很难控制消费者对创意产品的需求。站在企业的角度来看，创意产品的消费是主观的、不可控的，它的市场前景不同于传统产业的产品具有可预知性，很难像传统产业那样运用调查或预测的方法来判断新推出的创意产品是否符合大众的口味，也很难从过去经济发展情况预测消费者是否会认可新推出的创意产品。比如，电影的制作需要投入巨额的资金和众多的人力，但是在电影没有上映前没有人知道这部电影能否符合影迷的需求。

第二，创意产品向原创化和个性化趋近。创意企业较传统产业的企业更关注产品的独特性和赏心悦目的艺术性等因素，而不是只考虑利益的最大化。创意产品的重点在于文化与创意，创意产品利用知识和灵感创造出新的价值。创意产品是创意物质化的体现。

第三，创意商品大多数都是精神上的消费，并非物质上的消费，所以轻易不会随着消费水平的下降而价值贬低或者品质下降。大部分创意商品在被消费后,物质载体会发生一些使用痕迹,但是其在文化层面上的价值是永远的。

第四,虽然创意产品产生的核心要素是资源和大脑,但是纵观世界,创意产业想要持续发展离不开现代科技的发展,特别是信息技术、传播技术、自动化技术和激光技术等高科技的应用为创意产业带来了巨大的影响。创意产业的应用技术越来越朝着数字化、知识化、可视化、柔性化的目标靠近。而且,创意商品属于消费者主观消费,不能像传统的物质商品那样用客观的标准去判断产品的质量,所以对产品质量的差异性是仁者见仁智者见智,难以预测。由此可见,创意商品的质量不是单凭一方决定的,而是由生产者和消费者双方共同决定的。

二 文化创意的方法

三段渐进法、5W2H 法、行停法和头脑风暴法这四种叙述文化创意的方法在国内外是比较经典和常用的。

(一) 三段渐进法

这种创意方式是清代伟大的国学大师王国维提出来的,他在其经典著作《人间词话》中明确提出"古今之成大事业大学问者,必经过三种境界",并巧妙运用三段恰如其分的宋词深入浅出地阐述了从精通思考、探索到解决困难的全过程。

第一境界:"昨夜西风凋碧树,独上高楼,望尽天涯路。"这是创意活动的准备阶段,这个阶段的主要内容是多维度、多角度、全方位、高视角地仔细推敲创意对象。

第二境界:"衣带渐宽终不悔,为伊消得人憔悴。"这是将体验、规范、规律等体系作为参考依据,判断和筛选上一环节中解构提取出来的每个关键点,不断清除障碍、无限逼近真相的过程。

第三境界:"蓦然回首,那人却在,灯火阑珊处。"这是一个持续探索、对比、验证的过程,最终达到恍然大悟、醍醐灌顶的效果。

王国维的"三境界说"在创意活动中十分实用,注重对对象的关照角度,站在多维立体的角度看问题、思考问题,达到了高瞻远瞩的境界。

(二)5W2H 法

5W2H 法是指从七个不同方面假设问题、提出问题、解决困难,并制订多方位的方案策划。这种方式不仅考虑切入的角度,而且将问题分解成小块。这七个方面的英文单词首字母刚好是 5 个 W 和 2 个 H,因此被叫作 5W2H 法。这七个方面具体如下。

Why:创意的初衷;

What:创意针对的对象,即创意的关键点和预设目标;

Where:创意的切入点;

Who:创意工作的承担者;

When:创意工作何时结束;

How:创意怎么生产及其具体的方案;

How much:达到预设目标的成本预算。

5W2H 法有助于我们在混乱的创意迷宫中找到方向,快速准确地找到正确的创意道路,根据创意目的进行合理的安排,帮助我们杜绝在创意过程中产生思维不确定、轻率和成本超过预算的情况。

第二章　创意扩散的基础理论及原因与特性分析

（三）行停法

行停法（Gonging - Stopping Method）是美国创造学家阿里克斯·奥斯本创造的一种以设问为方法的创意创作方法。"行"（Go）、"停"（Stop）的手段循环往复实施，围绕艺术创作的整个过程从头到尾做出大胆的设想和仔细的验证。该方法重点关注程序的严谨性，慢慢接近待解决的问题。行停法的操作流程分为以下几个步骤：

"行"：思考并举出与必须处理的问题相关的关键点和要素；

"停"：对此进行详细解构和核实；

"行"：收集可能有助于破解困难的信息内容；

"停"：最方便快捷地获取相关信息；

"行"：找到破解所有问题的难点；

"停"：精准定位是破解难点的最佳方式；

"行"：尽最大可能寻找认证结果的标准；

"停"：探索最佳检验标准。

以上部分循环完成，最终文化创意达到预设的目标，找到正确的解决方案，完成完整的策划文案。

（四）头脑风暴法

头脑风暴法是一种创意方法，由阿里克斯·奥斯本首创。上述方法适用于团队，个人没有办法适用。这种方法又被称为BS法，主要提倡利用团队之间的集体讨论来对大脑进行刺激，从而达到产生创意的目的。自头脑风暴法出现后，一直被实践并且不断被改善，其形式越来越丰富多彩。目前，头脑风暴法有卡片式智力激励法、默写式智力激励法、三菱智力激励法等具体操作形式。头脑风暴法能刺激大脑产生思维和创意的原因有以下几点。

（1）逻辑思维的产生依赖于不受约束、异想天开，思维必须得到正确的启迪和引导。头脑风暴游戏正好符合引发思考的标准。

（2）一般人在小组讨论中的创造性思维比学习思考时更加活跃。

（3）在小组讨论会中，大家都处在一种互相脑力追逐的状态，这种有利的追逐可以进一步激起个人的思维活跃程度，同时有利于灵感在激烈切磋中产生。

（4）在小组讨论中，个体出色的创造力可以得到其他小组成员的认可和鼓励，这有利于提高个人对创作的信心，从而更好地开展创作实践活动。

头脑风暴法的具体步骤如下。以特定的主题风格为重点，以十人为单位召开创意讨论会议。创意讨论会议的主持人要幽默风趣，要用轻松风趣的语言对主题进行阐述，并引导参会人员进入良好的讨论氛围。为了防止讨论过程中出现负面争论，讨论能够顺利高效地召开，在会前要制定规则，严格规范参会者的言论。首先，严禁用言语或行动攻击他人，不能对他人的发言作出攻击性评价；其次，提倡每位参会人员踊跃发言；再次，提出的观点尽量独特；最后，可以在他人的观点上提出新的看法。基于上述四点，可以把头脑风暴法的流程设置成以下五个步骤：准备、热身、确定主题、激烈输出、总结分析。在这些步骤完成后，可以把创意划分为三类，即具有实践性的、不切实际的和处于两者之间的，然后在综合考量之后选出最优方案。

三 文化创意的过程

创意的产生过程就像产生奇迹的过程,一直以来,人类都没有放弃对创意产生方法的摸索。世界级创意大师詹姆斯·韦伯·扬总结了创意产生的方法,他将创意产生的过程总结为两点:第一,创意不等于创造,创意本身不会创造任何新的事物;第二,创意仅仅是把原本存在的成分用崭新的方式排列重组。此外,他还把创意思维的流程分成六个关键环节,这六个环节之间有严密的逻辑性,他强调一定要严格遵守这个秩序。

(一)对创意原始信息的采集与收纳

通常来说,被采纳的创意资源可分为如下两类。

一是针对性资料。这种类型的资料都是项目策划所需要的特定的资料,包括项目的调查问卷和受众的相关资料等,非常有指向性。这种类型资料的采集通常都会交给专业的机构来调查收集。

二是普遍性资料。虽然这种类型的资料与特定项目之间没有联系,但是它可以帮助项目更好地策划,发挥信息储备的作用。

创意策划者应该加大对采集信息的重视程度,大量的资料是创意活动实施的基础。要把普遍性资料和针对性资料放在同等重要的位置,虽然针对性资料指向性强,但它的范围比较狭小,而普遍性资料可以刺激出许多让人意想不到的优秀创意。

(二)对资料的消化与梳理

资料的收集是为了生产,而生产是基于生产者对资料的仔细阅读与整理。要多阅读资料,要非常精细地阅读资料,而不是囫囵吞枣般地阅读,最好是不拘泥于形式,带着自己的观点和问题，明确地、有指向性地去阅读。应该有条有理地把所有收集到的资料进行整理，不管是人文地理的、社会科学的还是专业方面的都要按照与策划主题的联系程度准确分类。在对资料的梳理过程中，也要对策划的主题进行思考和分析。

（三）对资料的多角度分析

创意组织思维阶段中的判断有专门的技巧要求。把一个对象从不同的方位进行思考与分析，并且从多个维度进行判断，最后将关联程度最紧密的对象放在一起形成对照组，找出两者间的差异与相同之处。

（四）疏远主题，给思维以自由

当人们的逻辑思维活动过度集中到某一点时，逻辑思维就会陷入僵局，无法从惯性思维中脱离出来，这时候一定要暂时避开，选择最适合自己的脑力放松主题活动，比如歌曲、文学、体育比赛等。越是没有顾忌的活动越能够无限地释放大脑，无尽地放飞思维。人的大脑就像一个移动硬盘，里面装着数不胜数的信息，在放松的状态下，大脑里的信息开始发生碰撞，擦出火花，不经意间迸发出创意和灵感。

（五）创意的出现

创意的出现通常是对以上所述基础的反思，并伴随灵感迸发喷涌而出。人类很多壮举都是源于不经意间的灵感，举个最典型的例子，浮力定律是阿基米德在洗澡的浴池中突然产生的创意。

（六）对创意进行后期的提纯

这是创意过程中的最终关卡。因为创意大多都是在不经意间迸发的，这就奠定了它不完整的基调，它的很多方面都需被完善，所以必须要组织创意策划小组，把创意和灵感变成现实的、缜密的方案。在这个环节，一般把创意交给创意策划小组，成员一起头脑风暴把创意进行完善。

总而言之，创意活动应该按照以上环节来执行，并且还要把握以下五个要点：第一，要尽量从惯性思维中跳脱出来；第二，创意应该根据创意对象的特点展开；第三，要有发散性思维，尽量避免站在单一的角度看问题；第四，避免在创意活动中思维角度的重复；第五，使思维的活跃度达到最佳。

第三章 电视媒体创意扩散的指标度量

第一节 电视媒体创意扩散的基本概念框架

一 范畴界定

由前文的归纳和分析可见,目前关于创意和创意扩散的基本概念在国际学界尚处于讨论的状态。考虑到通过建立合理的数学模型,从机理上理解创意扩散现象的需要,本书对相关概念及范畴作出如下假设性界定。

本书立足于基础的、抽象的模型研究。其中,创意被简单认为是人的精神产品,创意产业即人的精神产品转化成商品所形成的生产流通体系;本书中抽象定义的创意扩散,关注于创意扩散的微观和宏观的基本过程,认为创意扩散可以定义为人的精神产品在其他人脑中不断获得认知的过程;这样定义的创意扩散,以创意的原创者和接受者,即传播者为主体,以定义为创意的精神产品本身及其所处的社会关系所形成的受体系统为客体;创意扩散的目的或活动可以认为是实现不同人之间的精神思想共振的需要;创意扩散的载体被抽象为主体与客体之间的直接接触；创意扩散的路径即为存在独立思维能力的人与人之间的抽象交流；创意扩散的效应简单地表现为头脑中认可某项创意的人数的增加；本书中假设不同创意之间是独立的，即其相互之间无联系；本书所建立的模型中尚不涉及创意扩散的时距以及对其他产业发展的影响。在这些假设基础上的模型研究虽然不能彻底真实地反映创意扩散的实际过程，但可以在本质上解释创意扩散过程中产生的若干现象，并从整体上把握创意扩散和创意产业的发展趋势。

本书采用抽象化模型来描述创意扩散三个层次机理的基本状态，忽略一系列现实因素的影响，通过描述创意扩散过程的抽象发生方式，力图了解创意扩散的一般行为方式。为简化模型研究，作出如下理想化假设。

（1）只考虑创意受众群体即电视观众口碑相传的创意传播过程，不考虑观众在大众媒体领域对创意的传播。

（2）认为电视节目的构成方式本身具有创新性，该创新性具有一定的吸引力；不考虑完全客观性、重复、模仿式的创意产品。

（3）忽略同类节目竞争和模仿性节目竞争对创意传播的影响。

（4）忽略影响创意扩散时距的现实因素，认为创意完全处于自发传播状态，不受时间节点性事件的影响。

（5）仅涉及创意在产业中形成产品之后的创意产品扩散现象，而不涉及创意在产业前端发生的扩散问题。这是因为电视媒体创意产业前端处于非产业化状态，仅创意产品，即节目具有现实意义。

由此限定的创意扩散的过程虽然在现实中并不存在，仅为其理想形式，或仅仅具有极小的适用范围，但却能反映创意扩散的基本趋势和本质机理。对于其他外在因素，可以在具有充分实地调查数据的基础上设置新参数，对模型进行修正。技术创新扩散原理的模型研究也是按照这样的途径进行的。

二 理论逻辑关系

本书将创意扩散的机理划分为三个层次，即微观机理、宏观机理和表象机理。其中，微观机理、宏观机理均描述了创意扩散的内在机理，描述了创意扩散发生的实际过程；表象机理则为创意扩散的外部机理，只描述创意扩散过程在社会系统的其他相关领域中所能表现出的一些外在现象。

（一）微观机理

微观机理描述创意扩散的基础性个体的作用过程，即某一创意接触到某一潜在性受体时，二者发生相互作用的基本过程，从基础上解决创意是如何被受体接受或排斥的问题。本书通过建立共振模型对创意扩散的微观机理进行描述。

（二）宏观机理

宏观机理描述创意扩散的系统性作用效果，即某种创意集群在一定社会关系所构成的潜在受体系统中不断传播的过程，通过与系统内大量受体发生相互作用，实现创意扩散的最终效果。该效果及其变化规律可以通过自由碰撞统计模型进行统计分析，并可以由此给出创意扩散过程的总趋势。

创意扩散的宏观机理和微观机理是创意扩散过程的两个不同层次的机理性描述。二者的相关性在于，微观机理描述的是创意扩散主客体的个体间行为，是创意扩散发生的根本性过程；宏观机理描述的是大量主客体相互作用导致的系统行为，是采用统计方法处理创意扩散的复杂系统状态。宏观机理以微观机理为基础，微观机理在复杂系统中以宏观机理为表象，二者关系类似于统计物理中的分子运动。

（三）表象机理

表象机理将创意扩散的实际内在过程视为黑箱系统，通过社会系统中与创意过程相关的一些因素的变化情况，对创意扩散的效果进行间接的描述和评价。目前，描述创意扩散的绝大部分理论均处于表象层次，其中，Bass族模型可以比较完整地对创意扩散的表象过程进行描述。

一般物理理论上的机理研究，要求对物理过程的三个层次的原理均作出比较合理的描述，理论体系才能被称为完整，并要求进一步整合各层次机理以实现基本原理的统一化。本章将通过建立共振模型对创意扩散的微观机理进行描述，第四章将通过自由碰撞统计模型对创意扩散的宏观机理进行描述，借鉴并改造描述创新扩散的Bass族模型作为描述创意扩散的表象理论。借用的部分概念和提法放在本章前半部分。由此，构成了逻辑上比较完整的创意扩散机理模型系统。该系统的整合与修正则需要进一步的工作来完成。

第二节　电视媒体创意扩散研究的理论构架

影响创意的因素可概括为以下几个方面，其相互关系和作用路径将体现在后文模型研究所设立的基本假设和理论关系式中。

第一，想象力方面的影响因素。

想象力是创意最基本也是最重要的影响因素之一，其同样也是评价创意人员素质及能力的要素之一。想象力在事物间起搭建作用，用定义来描述想象力就是：寻求、发现、评价、组合事物间的相似度。更进一步讲，想象力就是怎样用可信的、咏叹调高的、有关的方式，在之前无关的事物间建立起一种新的有意义的关系。相关关系是存在于世界中的一种普遍关系，按照相关程度可分为高相似度与零相似度，而想象力就是要在零与一百的相关度之间找到一个适合点。然而，对于创意来说，想象力的三种特性与其有直接的关系，它们分别是想象的准确性、想象的自然性和想象的巧妙性。想象的准确性是判断想象力与创意相关度的重要指标，如果两者的相关度为零或是很低，那就说明这个创意想象不成功；反之亦然。想象的自然性是指不能牵强附会，不能把两个无论从内在还是外在方面看来都没有任何相似性的事物联系在一起。自然性对于创意想象来说同样重要，只有归于自然，才能使人有一种亲切之感。想象的巧妙性建立在前两个特性的基础之上，使人有一种醒目的感觉。这种巧妙性如同字谜一般，当揭开谜底时，使人有一种恍然大悟之感，这也就达到了创意的最高境界。上述三种对想象力判定的标准可以说是影响创意的内在因素，也可以说是创意本身的影响因素。

第二，创意接受者特征影响因素。

创意接受者对创意扩散的影响主要从三个方面展开，分别是意识吸收、意识共享以及接受能力。一是意识吸收，是指创意接受者是否能主观上利用一切方式对各种创新信息进行获取。这是一种意识上的吸收，也表现了创意接受者是否有搜索创意的能力。当然，创意接受者越是主观上对新创意进行搜索，创意的扩散就越有效。二是意识共享，其同样也可以对创意扩散造成影响。创意扩散是一个不断在集群成员内一层一层传播的过程，并不是一步完成的，这和知识转移并不相同。大多数创意接受者在把新创意接收到后就自觉不自觉地通过人际关系渠道把新创意散播到不同的人群中。所以，创意接受者的意识共享度越高，越有利于创意扩散。三是接受能力，代表创意接受者学习和使用新创意的能力。当创意接受者模仿创意或二次创新创意时会促进创意的扩散，并增加创意的名气，促进创意的流传推广。

电视观众是电视媒体的创意接受者，受其整体创意接受能力和审美趋势的影响，在全国35个中心城市，所有省级卫视播出量最大的节目是电视剧、新闻/时事、生活服务、专题和综艺，而使用效率高的节目只有电视剧和综艺两类。对于黑龙江卫视，播出的电视剧和新闻节目比重较大，与所有省级卫视相比较，生活服务和专题类节目比重偏低，综艺类持平；在收视方面，专题类比重与所有省级卫视相比差距较大，青少节目的收视率也较低；从自办节目角度看，新闻类节目播出量大，自办综艺类节目资源使用效率高。

在黑龙江市场和哈尔滨市场，播出量最大的五类节目同样是电视剧、新闻/时事、生活服务、专题和综艺，而使用效率高的节目是电视剧、综艺和新闻/时事。黑龙江电视台六大地面频道资源使用效率各有特色。其中，影视频道播放内容和频道定位一致，电视剧占全天播出量的三分之二，电视剧的资源使用效率也是最高的，自办综艺节目资源使用效率不佳；都市频道是六个频道中最具品牌价值的频道，晚间播出的新闻/时事和专题类节目占播出总量的六成，白天播出的电视剧超过了播出总量的四成，从节目使用效率来看，播出的新闻/时事类节目在黑龙江市场和哈尔滨市场都表现出良好的使用效率，特别是自办节目《新闻夜航》《都市传奇》，无论是播出量，还是资源使用效率都有很不错的表现；文艺频道播出的节目主要是综艺和电影，晚间综艺节目播出量大，白天电影播出量大；法制频道虽然定位"法制"，但从节目播出量看，电视剧占到总播出时长的56%，法制类节目只有播出总量的15%，但法制类节目资源使用效率要明显高于此频道播出的其他类型节目，自办节目中《法制在线》《警察故事》《现在开庭》《说案》和《大侦探》的资源使用效率较高；公共频道是黑龙江电视台中播出节目类型最多的频道，是一个完全的"综合频道"，节目资源的利用在各频道中最为充分，尤其是对综艺、戏剧、电影、体育四类节目资源的使用上，其中，"二人转"类节目贡献较大，自办节目中《乡村戏苑》的资源使用效率最高；少儿频道由于合办电视购物，播出的节目中青少节目只占26%，自办节目中《知识糖》《小天鹅房房车》和三个动漫节目的资源使用效率高。

不同地域电视媒体创意接受者的思维方式和生活习惯存在地域差异性。综合黑龙江卫视各项满意度指标的分析结果，黑龙江卫视在全国市场的满意度要高于中心城市市场，在北方市场的满意度要高于南方市场；将播出的节目内容、节目编排和播出的广告这三个方面进行对比，可以看到，播出的广告及广告环境严重抑制了频道整体收视和品牌发展；黑龙江卫视在品牌建设和品牌识别方面具有较高的水准，在全国和中心城市中的表现都很强势。在品牌影响力方面，黑龙江电视台的地面频道从高到低依次是都市频道、影视频道、法制频道、文艺频道、公共频道、少儿频道。在栏目方面，最具品牌影响力的是《新闻夜航》，特别是在都市频道的播出中，无论是从收视量还是观众喜好程度上看，都体现出绝对的品牌优势。

第三，传播渠道影响因素。

我们知道，传播是一个过程，在此过程中参与者相互发布和共享信息，以达到彼此之间的交流、沟通。同样，扩散也是一种传播，是一种特殊的传播。扩散的本质是个人通过信息交换，将一个新方法传播给其他人。扩散过程的要素包括：一项创意、对该创意有所了解或使用过该创意的个体或其他群体、对该创意一无所知的个体或其他群体，以及连接各群体的传播渠道。所以，把信息在不同个体之间传播的方式就是传播渠道，而两个个体间交换信息的属性是对知情方在什么条件下将该创意传播给未知方，以及传播效果如何的决定因素。其中，最迅速和有效的传播渠道就是大众传媒，它利用报纸、电视、互联网、广播等媒介作为传播手段，使潜在接收者了解某项创意，即它们能够使大多数人接受并了解到少数人的知识。还有一种传播渠道是人际关系。如果在传播过程中个体具有类似的文化素养和社会阶层，则可利用人际关系面对面地交换意见，这样可以快速地让人接受某项创意。人际关系渠道涵盖两个或多个个体面对面地交换信息。而且，扩散理论阐明，尽管所有大众都想客观地评价某项创意,尤其是第一个知晓并采用这个创意的接受者,但是大多数人都很难做到这一点。他们通常对已经采用某种创意的接受者的意见很信服,就如同自己也已经采用了这个创意。这种行为表明,扩散过程的核心是潜在采用者模仿网络中其他相对熟悉的人的做法。因此,扩散是一个非常社会化的过程。

现在我们以电视媒体为例来说明创意扩散理论的新颖之处。传统媒体,特别是以视频、音频传输为手段的电视如何应对新媒体的冲击,成为业界讨论的热点。在信息传输方面,新媒体具有许多传统电视媒体所不具备的优势。与此同时,电视收视市场"份额竞争"驱使下的蚕食与攻守,将使不同类别的节目、不同级别的频道在博弈与磨合中围绕相对的定额波动。

新媒体的"新"字首先表现在传播途径上,我们可以看到,无论手机电视、楼宇电视还是互动电视(IPTV)等,其传播途径无不体现着与传统电视的巨大差异。传统电视产业一直保持着电视台—家庭电视接收机这种两点式的直接传播方式,在全国两千多家电视台的瓜分下,在有限的传统注意力资源面前,无异于挤一条独木桥;而新媒体则充分运用了分众传播,汇聚了受众零散的收视时间,并进一步争夺传统电视媒体所占有的市场率。相比电视来说,网络也有巨大的优势,即可以满足不同受众的不同需求,更加具有人本主义精神。IPTV融合了传统广电和电信的功能,既可以在电视机上收看,也可以通过电脑上网收看,既可以走广电系统的有线电视网,也可以走电信系统的网络。移动电视是新媒体中备受关注的一类,其中,手机电视产业在新媒体中极具发展潜力，它具有普及率高、便于携带等特征与优势。

我们以黑龙江卫视为例来说明上述影响创意的因素在具体情况中所起的作用。黑龙江卫视在35个中心城市（全国各省的省会城市及直辖市）的覆盖略低于所有省级卫视在35个中心城市的平均水平，列第19位。黑龙江卫视在35个中心城市的覆盖率从2004年的48.19%增至2008年的66.07%，增幅37%；2008年以后，在35个中心城市的覆盖推进放缓。从区域覆盖情况来看，黑龙江卫视在华北、西北的覆盖率最高；其次是华东和华中地区；在东北地区优势欠缺，覆盖率为66.96%，居所有省级卫视频道第5位，差距主要来自在辽宁省的覆盖不足。黑龙江卫视在本省市场的覆盖优势明显，地面频道的覆盖优势在城域地区更为突出。2009年，黑龙江卫视在全国竞争状态不佳，收视下滑，只有晚间电视剧和综艺节目收视较好。相比全国市场，哈尔滨市本地的收视对于黑龙江卫视在全国的收视贡献大。黑龙江电视台地面频道在本省尤其是在哈尔滨市场上表现良好、优势突出，收视率名列前茅。在黑龙江市场，2009年1—8月收视率绝对增量最大的前5位省级卫视是浙江卫视、辽宁卫视、安徽卫视、山东卫视和北京卫视；在哈尔滨市场，收视率绝对增量最大的是浙江卫视、江苏卫视、北京卫视、江西卫视、安徽卫视、辽宁卫视。广告投放方面，在全国35个中心城市，黑龙江卫视广告投放时长排在省级卫视第12位，广告定价合理，投放的品牌多是本地产品，大客户特别是国际性大品牌较少，广告投放效率较低，广告收视率只有节目收视率的一半。黑龙江电视台地面频道的广告投放时长要明显多于哈尔滨台的几个频道,而投放的品类以药品广告居多。黑龙江电视台地面频道中最具广告传播价值的是影视频道和都市频道,广告利用效率最好的是公共频道,广告收视率和节目收视率相差最小的是都市频道和公共频道。

创意扩散率的测度标准通常是对创新扩散相关标准的吸收。创意扩散的定量描述改革了定性扩散的分析;而度量创新扩散则奠定了定量描述的技术。根据以往学者的研究,对创新扩散的度量包括以下两种。一是宏观度量。这种度量方法通常以整个社会经济系统的眼光来对技术创新扩散程度进行考察。其最常用的度量变量有两种:一种是 Davies(1979)提出的"总扩散率",具体指某行业或某地区内新技术产出所占的百分比;另一种是 Mansfield(1961)提出的"模仿率"或"扩散率",指的是在一定的时间范畴内企业利用技术创新成果的数量和潜在利用技术创新成果的企业数量的比值。二是微观度量。这种度量方法以企业的眼光在企业内部观察技术创新的流播扩散程度。微观度量利用的变量主要有三种:第一种是"新技术收益率",指的是企业利用新技术的产出在总产值中所占的比率。第二种是"新技术采用率"(Bayes,1983),指的是在一定的时间范畴内企业所采用的旧技术和新技术的比值。第三种是"创新采纳速率",其是 2002 年罗杰斯针对适用于个体行为人的创新扩散度量提出的新看法。创新采纳速率是指社会潜在受众对某种创新成果接受的相对速度,通常是指在一定时间范畴内,有多少人对这个创新方式进行采纳,或采用创新的社会受众到达一定比例所需要的时间。图 3-1 中的"S"形曲线就反映了创新采纳速率。

第三章 电视媒体创意扩散的指标度量

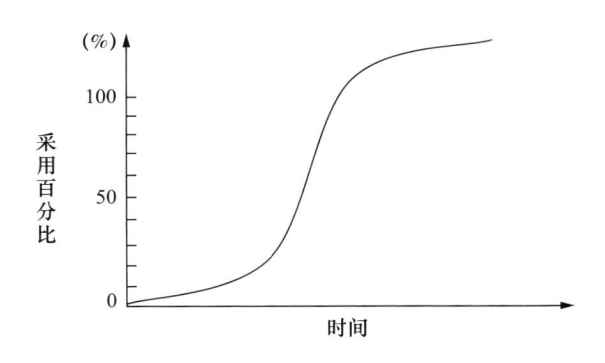

图3-1 描述创新采纳速率的"S"形曲线

资料来源：[美]埃弗雷特·M. 罗杰斯：《创新的扩散》，辛欣译，中央编译出版社2002年版。

根据上述影响创意扩散的主要因素，本书利用概念等效的基本关系，针对个体对创意的接受过程，对应于物理学领域的共振概念，建立起描述创意扩散基本条件的微观机理模型，对想象力、创意接受者特征和传播渠道这三方面影响创意扩散的主要因素之间的关系与作用效果进行了合理的组织和描述。接下来，通过对大量个体进行系统化统计综合，将微观概念等效成宏观概念，对应于物理学领域的粒子流自由碰撞概念，建立起描述创意扩散总体趋势的宏观机理模型。进一步，分别根据如此建立起来的概念模型进行理论模型的构建，并采用抽象概念的实证分析方法，结合黑龙江电视台的相关实测数据，对理论模型进行实证检验，同时利用模型和数据对描述创意扩散的一系列参量进行计算，提出关于黑龙江电视台创意扩散领域发展的若干具体建议。电视媒体创意扩散研究的理论构架见图3-2。

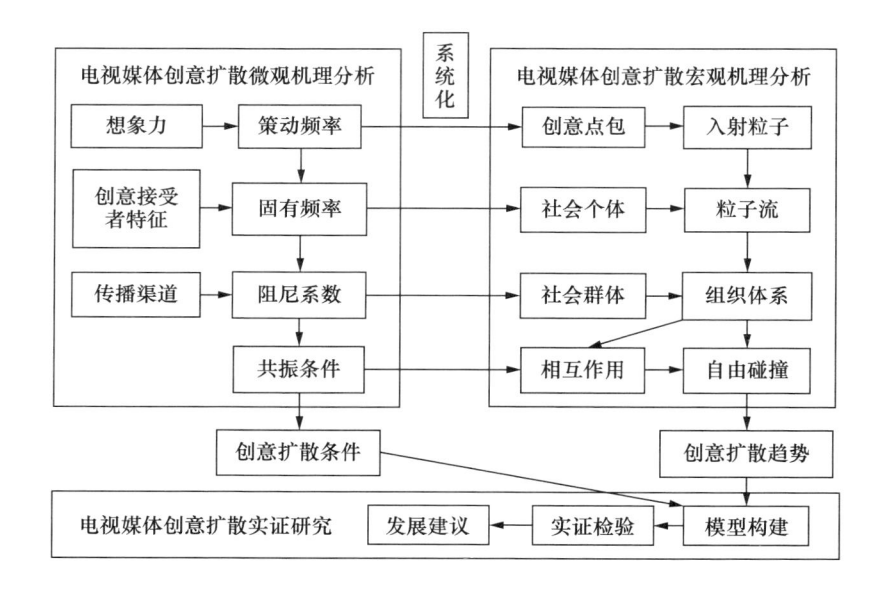

图 3-2　电视媒体创意扩散研究的理论构架

第三节　电视媒体创意扩散的指标度量

本书针对电视媒体创意扩散现象进行理论模型研究和实证研究。由于研究中涉及大量电视媒体的指标度量的计算和分析，现将涉及的电视媒体指标的相关概念做一简要介绍。下述指标均列出了用于调查统计的实证关系式，以便作为电视媒体创意扩散关系式的实证参照。

（一）到达率

到达率是指在特定时段内符合到达条件的接触总人数占总体电视推及人口的百分比。其中，到达条件一般是"至少收看了 1 分钟"，用户可以改变收看的最小分钟数或收看时间在整个时段中的最小百分比（设定权重）来自行定义到达条件。计算公式为：

$$到达率 = \frac{\sum_{i=1}^{n} 接触人_i^{特定时段} \times 权重_i}{总体推及人口} \times 100\% \quad (3-1)$$

相对到达率只考虑观众接触到的特定时段内电视节目的比率，而不重视观众是否接受电视节目中所蕴含的创意，所以相对到达率可以反映该时段内电视媒体作为一种创意传播渠道的通畅程度或阻滞程度。

（二）收视率

收视率（Rtg%）是指针对某特定时段（或节目），平均每分钟的收视人数（权重$_i$）占推及人口总体的百分比。计算公式为：

$$收视率 = \frac{\sum_{i=1}^{n} 收视时长_i \times 权重_i}{该时段总时长 \times 总体推及人口} \times 100\% \quad (3-2)$$

收视率反映的是在特定时段收看某一频道或某一节目的人数占总体推及人口数量的比值。比如，当4—14岁的儿童被锁定为总体推及人口的一部分时，我们所说的收视率就是指这部分目标观众的收视率。

（三）市场份额

市场份额（Shr%）是指特定时段内收看某一频道或某一节目的人数占同一时间段内观看电视节目的总人数的比率，即在特定时间内某个频道的节目收视率占全部频道节目收视率的比值。计算公式为：

$$市场份额 = \frac{收视率_{某频道}}{收视率_{所有频道}} \times 100\% \quad (3-3)$$

该指标考察的是收看某一频道（节目）的人数占当时所有收看电视的人数的比重，数值越大，表明该频道（节目）在该时段的市场竞争力越强。

（四）观众构成

观众构成（TgSat%）的对象是特定的频道或节目，指的是目标观众在每分钟内的收视人数（千人）占参照观众每分钟内收视人数（千人）的比重。通常 4 岁以上所有人都可以视为参照观众。计算公式为：

$$观众构成 = \frac{\sum_{i=1}^{目标观众} 收视时长_i \times 权重_i}{\sum_{i=1}^{参照观众} 收视时长_i \times 权重_i} \times 100\% \qquad (3-4)$$

该指标是对特定频道（时段/节目）的收视观众结构所做的考察，也是针对"看该频道（节目）的观众是谁，看节目平均花费多少时间"问题的回答。

（五）观众忠实度

观众忠实度是指特定频道（时段/节目）的收视率与到达率的百分比。计算公式为：

$$观众忠实度 = \frac{收视率_{频道}}{到达率_{频道}} \times 100\% \qquad (3-5)$$

（六）资源使用效率

对电视节目资源使用效率的评估可通过对节目的播出情况和收视情况进行综合分析来进行，为此构建下面的公式：

$$电视节目资源使用效率 = \frac{电视节目收视份额 - 电视节目播出份额}{电视节目播出份额} \times 100\%$$

$$(3-6)$$

第四章 基于 Bass 族模型和共振模型的电视媒体创意扩散微观机理研究

本章通过整理前人对创意扩散理论描述的研究成果，将描述一般扩散现象的 Bass 族模型引入电视媒体创意扩散领域的研究，并进行相关的对应、扩展和改造。Bass 族模型的引入能够比较完备地描述创意扩散的表象过程，即通过外在的、与创意扩散相关联的社会参量的描述构成创意扩散的现象学理论，而不是创意扩散的内在机理性研究。本章基于 Bass 族模型又进一步建立了描述创意在主体间微观接受过程机理的线性振动机理模型，并建立了描述创意在社会系统内宏观传播过程机理的自由碰撞模型，借以从内在机理上比较完备地对创意扩散过程进行描述。

本章拟对创意扩散过程的基本原理和各影响因素的作用进行分析和研究。创意扩散的核心问题和基本环节是创意主体产生的创意被创意接收者接受的过程。我们认为，基于电视媒体产业的基本特征，这一基本过程是以电视媒体所影响的观众与创意本身发生"共振"①为基础的。为此,我们与物理学领域普遍存在的共振现象相类比,建立描述创意扩散微观作用机理的线性振动模型,揭示创意接受过程的微观机理。该模型将实现对创意接受过程中的共振现象的描述,并包含电视媒体创意产业中影响创意扩散的各主要因素的作用机理。对该模型的讨论,将能够对影响创意扩散的各主要因素进行优化和整合,以实现创意扩散的最佳形态。

第一节　Bass 族模型及其对传播体与接受体关系的描述

有关创意扩散的研究主要是以创新扩散的理论为基础加以展开的,国内外针对电视媒体行业的创意扩散模型的建立和探讨尚少见报道。因此,本书试图在充分梳理国内外有关创新扩散模型的基础上建立电视媒体创意扩散模型,借鉴物理学中的共振理论的核心思想对其进行探讨。

本章中,我们将描述一般扩散现象的 Bass 族模型引入电视媒体创意扩散领域,并进行相关的扩展和改造,结合建立的创意接受过程的共振模型,可以比较完备地对电视媒体创意扩散领域的许多现象进行讨论。创意产品和技术创新产品在经济表象领域具有高度相似性,其社会行为相当,所以其表象理论可

---

①　共振(Resonance)是物理学上的一个运用频率非常高的专业术语,是指一物理系统在特定频率下,比其他频率以更大的振幅做振动的情形;这些特定频率被称为共振频率。

以按照定性改造的模式进行理论转移。

一 外部影响模型

Fourt 和 Woodlock 于 1960 年通过对一些扩散现象的研究，提出了 Bass 族模型外部影响模型（External – Influence Model）。将其引入电视媒体创意扩散领域，则电视媒体技术创新在潜在市场中的扩散规律可以用下式表示：

$$n(t) = \frac{dN(t)}{dt} = p[M - N(t)] \qquad (4-1)$$

式（4-1）中，$N(t)$ 为时间 t 的某个创意型节目的收视率；M 为该节目的到达率，即所有潜在观众的总体；p 为外部调整系数；$n(t)$ 为时间 t 的观众忠实度，即在时间 t 观众认可该创意的概率。

这种计算模型将观众总体分解为认可节目创意和未认可节目创意两个部分，并认为创意扩散的速率完全由未认可节目创意的这部分观众的数量决定。所以，创意扩散成为单纯依赖创意传播渠道等外部影响因素作用的结果，其没有考虑已认可节目创意的观众对尚未认可节目创意的潜在观众的影响。

若 $N(0) = 0$，可解得：

$$N(t) = M(1 - e^{-pt}) \qquad (4-2)$$

此解所对应的创意扩散曲线呈现出指数下降的规律。这是由于随着节目创意的认可人群不断扩大，创意扩散速率势必加速降低。

该模型又称 Fourt – Woodlock 模型，仅能抽象描述电视节目的覆盖观众之间不存在相互推介时的创意节目扩散过程。

二 内部影响模型

1961 年，Mansfield 提出了 Bass 族模型内部影响模型（Internal – Influence Model）。将其引入电视媒体创意扩散领域，则创意节目在观众中的扩散状态可以表达为：

$$n(t) = \frac{dN(t)}{dt} = \frac{q}{m}N(t)[M - N(t)] \quad (4-3)$$

式中，q 为传染系数，m 为量纲系数，其余各参量含义与外部影响模型相一致。

该模型认为，时间 t 的创意节目扩散速率正比于潜在观众中已认可节目创意和尚未认可节目创意的观众数量，所以对节目创意的认可过程被描述为对已认可节目创意的观众群体的不断模拟，而忽略传播渠道之类外在影响因素的作用。q 则描述了已认可节目创意的观众将观点不断向外"传染"的能力。

若式（4-3）中初始条件为 $N(0) = N_0(N_0 \neq 0)$，则该模型的解为：

$$N(t) = \frac{M}{1 + \frac{M - N_0}{N_0}e^{-qt}} \quad (4-4)$$

其相应的创意扩散曲线与罗杰斯特曲线相符，为标准的"S"形曲线，表现了随着创意节目逐渐被更多的潜在观众所接受，认可节目创意的观众数量逐渐饱和。

三 混合 Bass 扩散模型

Bass 于 1969 年将 Fourt 和 Woodlock（1960）与 Mansfield（1961）所提出的两种模型进行了结合。他将模型引入电视媒体创意扩散领域，假设新产品的潜在采用者受到大众媒体与口碑两种传播方式的影响。他进一步将潜在观众分为两类：一是受到大众媒体影响的；二是仅受到口碑影响的。前者被称为创新受众，后者被称为模仿者。

Bass 模型做了如下假设：在所考虑的期间内，没有重复购买的消费者，而且每位消费者的购买量均为一单位，故扩散模型描述的是某一产品类别的成长状况。Bass 认为，创新者，即仅受到大众媒体影响而购买产品的人，持续地存在于扩散过程中的每一个阶段。图 4-1、图 4-2 显示了非累积采用者和累积采用者的分布。非累积采用者分布在 T^* 时达到顶点，是"S"形累积曲线的反曲点，也就是说，T^* 左右两边具有对称性质。

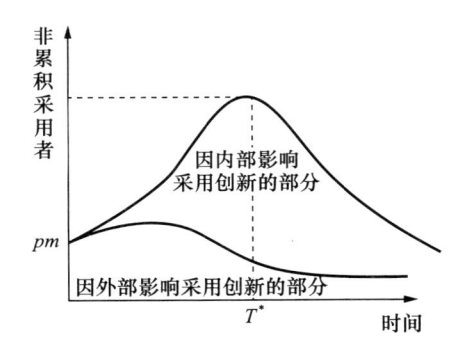

图 4-1 非累积采用者分布

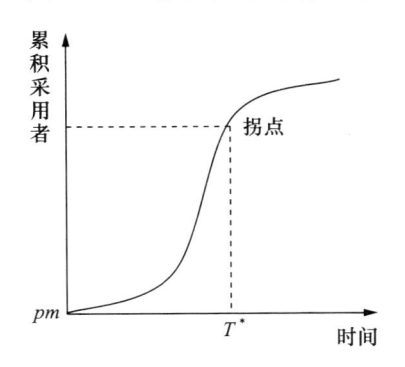

图 4-2 累积采用者分布

Bass 模型的基本形式见式 (4-5):

$$n(t) = p[m - N(t)] + \frac{q}{m}N(t)[m - N(t)] \qquad (4-5)$$

式中，$p[m-N(t)]$ 为未受已认可节目创意的观众口碑影响而直接认可该节目创意的观众数量，$\frac{q}{m}N(t)[m-N(t)]$ 为受到已认可节目创意的观众口碑影响而认可该节目创意的观众数量。在初始时间，$n(0)=pm$，为节目媒体有效覆盖的观众总数。

"S" 形累积采用者分配函数 $N(t)$ 如式（4-6）所示：

$$N(t) = m\left[\frac{1-e^{-(p+q)t}}{1+\frac{q}{p}e^{-(p+q)t}}\right] \qquad (4-6)$$

由式（4-6）可知，通过实测调查获得 $N(t)$ 的分布规律，即可获得 $n(t)$ 和创意接受的峰值时间 T^*。

$$n(t) = m\left\{\frac{p(p+q)^2 e^{-(p+q)t}}{[p+qe^{-(p+q)t}]^2}\right\} \qquad (4-7)$$

$$T^* = -\frac{1}{p+q}\ln\left(\frac{p}{q}\right) \qquad (4-8)$$

另外，当 p 值及 q 值的比重存在不同，即内外影响因素对创意扩散的影响程度存在差异时，创意扩散的具体过程呈现不同的总体趋势。当 $q>p$ 时，如图 4-3（a）所示，认可节目创意的人数先增后减；当 $q\leqslant p$ 时，如图 4-3（b）所示，认可节目创意的人数持续减少。

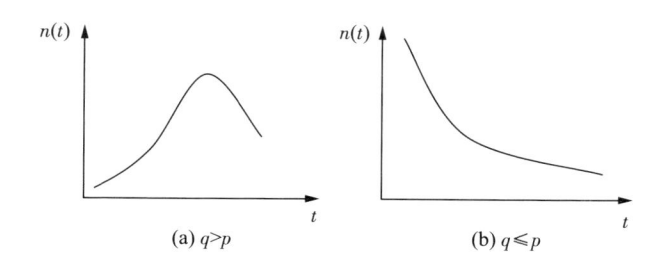

图 4-3 采用者分布情况

Bass 创新扩散模型包括三项估计参数——p（创新系数）、q（模仿系数）、M（潜在使用者），而自从 Robinson 和 Lakhani 认为 M 是价格的函数后，有许多学者试着将各种行销变量加入 Bass 模型，有的学者认为价格与通路会影响市场潜量，有的学者认为价格不会影响市场潜量，仅会影响 p 与 q，还有的学者认为广告费用会影响 p 与 q，各派学者主张并不一致。

George Kendall Ferguson（2002）根据对美国互联网的研究提出一个扩展的 Bass 模型，模型中涉及三个变量：新产品的功能，由创新的提供者决定；产品扩散，由创新产品的使用者决定；影响扩散的因素，由创新的本质、市场参与者的价值判断决定。Bass 模型把潜在使用者对新产品的接受与否，简单地分为接受与不接受两种，而没有考虑消费者决策时的程序，所以有些学者主张将扩散模式分为多个阶段，如 Kalish（1985）将消费者的购买过程分为潜在观众、知晓、知识、购买等阶段。

第二节 共振的基本概念

共振是自然界广泛存在的物理现象，是指物理系统在某一固定频率的外在振动的策动下，自身振动振幅达到最大的现象，该频率可称为共振频率。该现象最早在声学领域被观测到，也称为"共鸣"[①]。自然界和人类技术中许多重要领域都存在共振

[①] 共鸣，物理学名词，指物体因共振而发声的现象。例如，两个频率相同的音叉靠近，其中一个振动发声时，另一个也会发声。

现象，共振早已成为物理学乃至整个自然科学领域的一个重要的基础性概念。

物体根据其自身的质量、形状、材料等内在物理性质，存在特定的固有频率，即物体以任意频率开始振动后，在自然状态下总有回归其固有频率振动的趋势。当外界向物体施加外力导致物体被动发生振动时，物体只能按照外力施加的频率发生振动，而自身的固有频率无法显现，此时物体的振动可称为受迫振动，导致物体振动的外力可称为策动力。自然界广泛存在的遏制一切运动的耗散阻力在振动理论中被称为阻尼。当外界所施加的策动力的振动频率与振动物体自身的固有频率相等时，受迫振动的物体振幅达到最大值，该现象即为共振现象。

对于受迫振动的物体，其振幅 A 与外界策动力频率 f 的关系如图 4-4 所示，其中 f_0 为物体的固有频率。

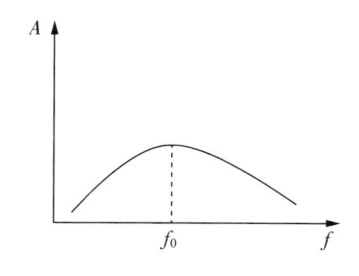

图 4-4　受迫振动物体振幅与策动力频率的关系

共振现象是自然界最频繁、最普遍发生的现象之一。在人类社会领域，也存在大量可以以共振理论进行解释的类似现象，诸如对观点的认同、对政策的响应、被艺术所感染、从众心态等凡是涉及外在影响与主体认同之间关系的诸多社会现象，均与物理学上的共振现象有本质上的一致性，但社会科学领域尚少见借鉴共振理论分析具体社会现象的研究。

第三节　电视媒体创意传播中的共振

共振现象是物理世界广泛存在的一种振动效应，在振动学的常识性知识中，当策动力频率与振动体固有频率相一致时，振动体振幅增至最大值，这种现象即为共振现象，亦称共振。电视媒体创意扩散最基本的微观过程是观众对创意的接受，某个观众接受了某项创意在本质上表现了该创意的扩散取得了一定进展，这一过程是创意扩散的微观本质性机理。而观众对创意的接受，正是观众的固有思想意识对创意中所蕴含的想象力成分的认可，即二者在精神领域的一致性所导致的观众反响最为强烈的一种精神状态。可以通过明显的类比过程引入振动学中共振现象发生条件的物理模型来描述观众对电视媒体创意产品的接受过程，该过程即为电视媒体创意传播的基本环节，本章将对其进行描述。

通过对创意产业多年实践的分析和总结，本书充分挖掘出创意产业中影响创意扩散的各个主要因素，并进行归纳、分类和讨论，对各影响因素的作用机理进行深入探讨，并实现指标设定。

根据前文的分析，想象力是创意最基本也是最重要的影响因素之一。对于创意来说，想象力的三种特性与其有直接的关系，它们分别是想象的准确性、想象的自然性和想象的巧妙性。创意接受者从意识共享、意识吸收和接受能力三个层面影响创意扩散。大部分电视媒体的创意接受者，即观众，在接受了新的创意后就已经开始充当创意传播者的角色，将创意传播到所在的人际关系网中。观众对创意的二次创新和对新创意的模仿相当于增加了创意的扩散源，进而增加了创意的知名度，加快了创意的传播。扩散的本质是个人通过信息交换，将一个新方法传播给他人。传播渠道是指把信息从一个个体传向另一个个体的手段，两个个体之间信息交换关系的性质决定了知情方在什么条件下将该创意传播给未知方，以及传播效果。电视媒体是最有效、最快的传播手段，它能够使作为潜在接受者的观众知晓一项创意。

　　结合已有的创新扩散模型，基于物理学共振理论，对创意扩散的核心问题和基本环节——创意主体产生的创意被创意接受者接受这一过程——进行模型分析，建立创意扩散机理的振动模型。该模型不仅是对创意扩散中的最基本环节的原理性描述，也是人类社会中广泛存在的思想共振现象的基本原理，具有普遍意义。电视媒体创意产品的扩散模型可以说是对电视台成长状况的一种描述。与创新扩散的情形相类似，创意产品的潜在采用者，即电视观众，会受到大众传播媒体的宣传与观众口碑宣传两种影响。依照其影响来源，本书开创性地将潜在采用者分为两类群体：一是受到大众传播媒体宣传影响但未受已有观众影响而收看该电视台的观众；二是受到观众口碑宣传影响而收看该电视台的观众。对两类观众群体的划分是本书的一个独特的创新点，虽然在电视媒体创意扩散研究领域对两类群体已经有所认识，但并未看到两者的本质区别，往往模糊甚至混淆两者，造成在战略上没有针对性地制定出有效的方案。本书正是在深入分析两者的基础上，提出了直接影响与观众群体自传播的概念，并且分别运用两种不同的创意扩散模型对其进行有针对性的分析。

第四节　电视媒体创意扩散的共振模型

与物理学的线性振动理论进行类比，电视媒体产业的创意影响力可以用一个一维简谐振动关系式来描述。将其表示为创意的影响力与社会空间坐标间的函数，其中涉及振幅 A、角频率 ω 与初相位 φ_0 三个主要参数，其物理关系式如下：

$$s(t) = A\sin(\omega t + \varphi_0) \qquad (4-9)$$

式中，t 为社会空间坐标，代表了社会系统中与该创意发生反应的单元性个体，该含义基于创意存在最大反应群体的假设；$s(t)$ 为创意影响力的度量，可以用创意的实际采纳观众个体总数与反应个体总数的比值来度量；振幅 A 为该创意的最大影响力，基于创意存在潜在采纳群体的假设，可以用创意的潜在采纳个体总数与反应个体总数的比值来度量；角频率 ω 表示创意核心观念或"创意点"，该含义假设任何创意都是某些具有普遍意义的社会思潮的具体化，其中某一种思想观念起核心作用，该观念可被称为"创意点"，这里我们认为，只有放弃创意产业中创意的个性化假设而采用创意的社会化假设，才能更加合理地构建创意扩散理论模型；初相位 φ_0 表示该创意在地理政治文化经济等条件构成的外在环境中发生的初始位置，包含了创意扩散中的一系列不可控因素的影响。把此关系式应用到具体情况中，我们可以形象地看出一个创意的影响力。

电视媒体创意的传播渠道是影响创意扩散的重要因素，依目前手段来看，任何一种创意传播渠道都不可能完全通畅而无遗漏地将创意传播到最大反应群体中，从而达到理想传播效果。因此，借鉴物理学理论，在创意扩散的共振理论模型中，我们利用阻滞效应来描述创意传播渠道的影响，即引入阻滞系数 β 来表示不同创意传播渠道对创意扩散的负向影响，进而对该创意传播渠道进行评估。在电视媒体的实际调查领域，相对到达率只考虑观众接触到的特定时段内电视节目的比率，而不重视观众是否接受电视节目中所蕴含的创意，所以相对到达率可以反映该时段电视媒体作为一种创意传播渠道的通畅程度或阻滞程度。因此，阻滞系数 β 可通过第三章第三节给出的相对到达率的实证关系式计算得出：

$$\beta = \frac{\sum_{i=1}^{n} 接触人_i^{特定时段} \times 权重_i}{总体推及人口} \times 100\%$$

包含阻滞效应的创意影响力关系式可表示为：

$$s(t) = Ae^{-\beta t}\cos(\omega_r t + \varphi_0) \qquad (4-10)$$

$$\omega_r = \sqrt{\omega_0^2 - \beta^2} \qquad (4-11)$$

依据相同理论，创意受众对创意的接受可以描述为在创意影响力的驱动下，创意受众的思想观念产生振动的过程。对于创意接受者的振动方程，振幅的含义为创意接受者对创意的接受程度，亦即创意接受者思想受到震撼的程度；角频率的含义为创意接受者固有的思想观念的深度，该思想观念来源于创意接受者的社会生活和意识形态；相位的含义为创意接受者接触到创意的时机，亦即接触到创意时，创意接受者在社会生活中的基本状况。由此，可以建立受迫振动模型：

$$\frac{d^2s}{dt^2} + 2\beta\frac{ds}{dt} + \omega_0^2 s = \frac{F}{m}\cos\omega t \qquad (4-12)$$

式中，m 为创意接受者对观念的固执程度，表达了创意受众接受新观念的能力，可由目标观众收视率（Rtg%）进行统计描述；驱动力 F 由创意影响力产生，可由第三章第三节给出的"市场份额"指标进行统计性描述，在运算中可由量纲系数进行调整。

根据受迫振动模型，利用复数法可以得到创意接受者的观念接受振幅，为：

$$A = |\tilde{A}| = \frac{F}{m\sqrt{(\omega_0^2 - \omega^2)^2 + 4\beta^2\omega^2}} \qquad (4-13)$$

该振幅即为第三章第三节给出的"观众忠实度"指标的机理关系式，可通过其进行调查和验证：

$$A = \frac{收视率_{频道}}{到达率_{频道}} \times 100\%$$

在上述振幅关系式中，通过讨论可以发现，振幅在一定条件下存在极大值，该现象即为"共振"现象，亦即创意接受者发生了意识上的共振，用公式表示为：

$$\omega = \sqrt{\omega_0^2 - 2\beta^2} \qquad (4-14)$$

$$A_{\max} = \frac{F}{2m\beta\sqrt{\omega_0^2 - \beta^2}} \qquad (4-15)$$

其中，代表固有观念深度的角频率项可以通过第三章第三节给出的"观众构成"的实证关系式进行实证调查：

$$\omega_0 = \frac{\sum_{i=1}^{目标观众} 收视时长_i \times 权重_i}{\sum_{i=1}^{参照观众} 收视时长_i \times 权重_i} \times 100\%$$

发生共振即表示创意接受者对创意实现了最大程度的接受，对创意扩散最为有利。通过对发生共振现象的条件进行讨论，即可实现对影响创意扩散的各主要因素的整合，进而在具体的产业应用中提出合理的建议。

该共振模型不仅是对创意扩散中最基本环节的原理性描述，也是可以更广泛地用来讨论思想情感传播的基本方式和过程，在人文与社会科学领域具有普遍而重要的意义。

第五节　基于实测数据的共振模型检验

电视媒体创意扩散的共振模型主要描述了观众对电视创意产品的接受过程，其中角频率 ω 表示创意产品的影响力，其在电视媒体方面的宏观度量由电视媒体"品牌"来体现。我国传媒产业的发展已经进入了"品牌经营时代"，所谓电视媒体品牌，是指电视媒体产品所具有的、用以与其他产品相区别的名称及其标识。

根据式（4-14）给出的共振条件，观众能否稳定地接受电视媒体创意产品，依赖于电视栏目品牌类型与观众收视类型的一致性，所以电视栏目或频道的品牌竞争力这一抽象概念可由此衡量，观众反响达到最大值时的创意产品的影响力角频率 ω 就可表示电视栏目或频道的品牌竞争力。通过第一章介绍的抽象概念的实证研究方法，将各参量的实证关系式代入式（4-14），即可推导出电视媒体品牌竞争力的实证关系式，为：

$$\omega = \left[\frac{\sum_{i=1}^{\text{目标观众}} \text{收视时长}_i \times \text{权重}_i}{\sum_{i=1}^{\text{参照观众}} \text{收视时长}_i \times \text{权重}_i} - 2\left(\frac{\sum_{i=1}^{n} \text{接触人}^{\text{特定时段}} \times \text{权重}_i}{\text{总体推及人口}} \right)^2 \right]^{\frac{1}{2}}$$

（4-16）

电视频道的品牌竞争力可应用式（4-16），通过实证性的问卷调查和相关统计综合得出，对权重项同时进行量纲调整，可实现对电视频道的品牌竞争力这一抽象概念的定量度量。调查数据代入所得出的电视频道的品牌竞争力数据，将与问卷调查所统计出的观众满意度排名进行比较，进而验证模型的现实可靠性。

下面可以将黑龙江电视台实测的卫星频道观众满意度与式（4-16）所得出的媒体品牌竞争力 ω 数值进行比对，以对共振模型的有效性进行验证。检验中主要使用2009年上半年央视市场研究提供的关于全国上星频道满意度的调查数据。表4-1给出了根据式（4-16）计算的47个卫星频道在全国的品牌竞争力 ω 数值与通过问卷调查得到的观众满意度排名数据的比对情况，其中，收视时长、接触人数由电视媒体常用的抽样问卷调查得出，总体推及人口数为开通有线电视用户总数，权重按一般做法设为1。

表4-1　2009年上半年全国卫星频道实测观众满意度值与品牌竞争力 ω 值排名情况

序号	频道名称	实测观众满意度值	品牌竞争力 ω 值
1	CCTV-1	88.83	87.64
2	CCTV-12	87.16	84.69
3	CCTV-3	86.65	84.98
4	CCTV-新闻	86.37	85.68
5	CCTV-10	86.07	84.52
6	CCTV-2	85.05	84.27
7	CCTV-8	85.03	81.96
8	CCTV-5	84.64	83.93
9	CCTV-4（亚洲版）	84.49	84.49
10	CCTV-7	84.42	82.56
11	CCTV-6	83.95	81.59
12	湖南卫视	83.30	80.95
13	CCTV-少儿	83.09	80.43
14	CCTV-11	82.53	83.03
15	CCTV-音乐	81.75	82.68
16	上海东方卫视	80.89	79.45
17	辽宁卫视	80.77	76.30
18	黑龙江卫视	80.70	75.82
19	北京卫视	80.39	82.98
20	吉林卫视	80.14	73.12
21	山东卫视	79.96	73.70
22	中国教育台一套	79.79	80.57
23	贵州卫视	79.78	76.34
24	浙江卫视	79.66	77.40
25	重庆卫视	79.44	76.43
26	安徽卫视	79.34	76.63
27	江西卫视	79.20	77.60
28	青海卫视	79.17	74.51
29	四川卫视	79.10	75.11

续表

序号	频道名称	实测观众满意度值	品牌竞争力 ω 值
30	河南卫视	78.61	73.53
31	河北卫视	78.32	72.98
32	山西卫视	78.27	70.39
33	江苏卫视	78.16	73.53
34	福建卫视东南台	78.16	74.58
35	陕西卫视	77.88	72.08
36	云南卫视	77.81	74.21
37	旅游卫视	77.71	77.05
38	广东卫视	77.29	72.29
39	天津卫视	77.13	75.50
40	内蒙古卫视	77.00	73.33
41	CCTV-9	76.97	79.62
42	湖北卫视	76.91	73.79
43	广西卫视	76.24	71.02
44	西藏卫视	76.12	75.29
45	宁夏卫视	75.85	74.10
46	新疆卫视	73.76	71.47
47	甘肃卫视	73.54	64.51

资料来源：CSM 媒介研究所：《黑龙江电视台媒体竞争与发展研究报告》，2009 年。

由表4-1可见，模型计算所得的电视台品牌竞争力与通过问卷调查所得的观众满意度排名数据略有差异，这与抽样调查数据的不稳定性有关，但总体上，二者的排名趋势基本一致，可以认为模型运算的结果基本具有现实意义和一定的可预测性。

电视栏目品牌是进行电视形象建设的基本单位，是产生频道品牌和媒体品牌的前提，是建立电视品牌体系过程中的首要环节，也是观众感受最直观的一类品牌。电视频道品牌是对某类品牌电视栏目和普通电视栏目进行编排后产生的服务目的明确、服务功能专业化的较高一级电视品牌。在确定频道定位时，要充分了解该类栏目的目标受众分布情况和收视情况，根据受众的收视习惯对各个栏目进行编排，力图让每个栏目都针对某个特定群体，最大限度地扩大收视市场。电视台同样应当对品牌定位给予足够的重视，要紧密结合所覆盖地区的社会经济发展状况，参考本地区的历史背景、民族风情等，将特色因素融合在媒体品牌形象中，让品牌体现出深厚的文化内涵。电视品牌的层次是紧密衔接、逐层递进、相互补充、相互促进的。

第五章 基于自由碰撞统计模型的电视媒体创意扩散宏观机理研究

线性振动模型描述了创意被观众接受这一基本作用过程的机理。本章将建立创意扩散的自由碰撞统计模型以描述创意在社会系统中传播的过程,揭示创意在系统内传播的宏观机理。

两个模型分别从机理上描述了创意扩散的微观作用模式和宏观传播模式两个不同层次的过程,它们结合起来可以构成创意扩散基本过程的内在描述,再结合 Bass 族模型对创意扩散外在表象的描述,基本可以比较完备地分析并讨论创意扩散在现实领域中出现的各种问题。本章根据创意扩散的影响因素分析和创意扩散的机理模型,首次对国内创意产业主体和创意接受主体进行双向统计性数据分析,对模型进行实证性检验,考察结果对了解国内创意产业中创意扩散问题的实际情况和创意接受的具体过程具有独立意义。

第一节 基本粒子自由碰撞模型的基本概念

基本粒子自由碰撞模型是物理学里计算各种粒子输运问题

的基本模型，该模型的构架基础是各学科广泛应用的统计试验方法。基本粒子自由碰撞模型的基本思想源于 19 世纪初，正式成形于第二次世界大战期间，最初应用于研究原子弹制作过程中的中子输运问题。

自由碰撞模型的基本思想是构造一个与真实的粒子运动过程相对应的随机过程，产生一系列的随机数并对该过程进行模拟，通过对模型的观察和抽样试验计算所求参数的统计特征，最终求得所求参数的近似值。基本粒子自由碰撞模型一经建立，就在各种涉及粒子体系运动的物理学研究中发挥了重大作用，已经被证明是一种处理粒子随机运动过程的普适模型。

在具体处理粒子体系运动的问题中，自由碰撞模型将传输运动体系处理成粒子流，其中每个粒子在组织体系内按照与其属性行为相一致的物理规律与组织体系发生随机作用，包括吸收、散射、自由行走等，可通过对这些随机事件的追踪和统计来求得所需要的物理量。可以看出，自由碰撞模型的算法在本质上是对粒子和组织体系间发生的二次相互作用的随机抽样。

自由碰撞模型的应用依赖于下列基本假设：

（1）粒子为弹性粒子，忽略粒子的波动性行为；

（2）标示组织体系的物理性质的基本参数为已知，如吸收系数、散射系数等；

（3）相位关系只与相对散射角有关，而与入射和散射的绝对方向无关；

（4）粒子散射为弹性碰撞，总能量保持不变；

（5）组织体系对粒子的吸收不改变体系的物理性质。

第二节　电视媒体创意扩散的统计分析

　　传统媒体，特别是以视频、音频传输为手段的电视，面对新媒体的冲击应该如何应对成为业界讨论的热点。传播学者麦克卢汉[1]曾经说过，"媒介总是以叠加的方式向前发展的，新的媒介的出现并不代表旧媒介的消亡"[2]。新媒体在传输信息资讯方面有传统电视所不具备的优势，与此同时，电视收视市场"份额竞争"驱使下的蚕食与攻守，也使不同类别的节目、不同级别的频道在博弈与磨合中围绕相对的"定额"波动。移动电视是新媒体中备受关注的一类，其中手机电视产业在新媒体中极具发展潜力，具有普及率高、便于携带等特征与优势。目前，已有上海文广、央视国际、南方广电传媒以及中国国际广播电台等多家媒体获得了手机电视牌照。随着3G网络的全面铺开，可以预见，手机电视产业在今后的几年内必将处于一个飞速发展的上升期。手机电视的普及将会较大地触动受众几十年来形成的对传统电视的观看模式，手机电视凭借其强大的交互功能，将极大地激发受众的参与意识。基于对竞争越来越激烈的传媒行业的创意主体与创意接受主体的统计性数据分析，本书有创见地提出要进行电视媒体的创意性改革，从思想、理论上改变

---

　　① 马歇尔·麦克卢汉（Marshall Mcluhan，1911—1980年），20世纪原创媒介理论家、思想家。主要著作有《机器新娘》（1951年）和《理解媒介》（1964年）。
　　② ［加］马歇尔·麦克卢汉：《理解媒介：论人的延伸》，何道宽译，商务印书馆2000年版，第25页。

电视媒体的传统观念，进而使其进行深入的转变。

创意扩散与技术创新扩散存在的重要差异，使得描述两者的理论模型建立在完全不同的基础之上。技术创新产品一般存在明确的技术指标来表明其创新优势，因此，这种明确的创新优势理论上对特定的需求群体都具有普遍的吸引力，亦即技术创新的传播基本保持特定的方向，存在的问题只是特定的需求群体能否、何时，以及如何获得技术创新产品的明确信息。而创意产品作为一种精神文化产品，其创作、接受和评价过程都具有明显的主观性，难以确定特定的需求群体及吸引力，因而其传播过程很难在整体上保持特定的方向。

综合第三章第一节对创意扩散影响因素的分析，为便于模型化研究，可以对电视媒体创意扩散的过程进行如下假设。

（1）单纯考虑电视媒体抽象意义上的单一创意在电视观众中的传播，忽略性质和观众极端近似的其他创意的干扰和竞争关系。创意产品与技术创新产品的一个重要区别是：创意产品一般来说主要是精神文化产品，缺乏明确客观的衡量指标，因此不同创意产品之间缺乏客观可比性而不具备强烈的相互干扰和竞争关系；不同的技术创新产品则通常可以用比较确定的指标进行评价，因此相同方向的创新产品因为存在客观可比性而存在较为明显的相互干扰和竞争关系。

（2）电视媒体创意在个体之间的传播具有相对完整性，即转述创意的社会个体在传播创意的过程中基本保持创意不失真。创意产品一般会固化为确定的具体事物作为其表现形式，且由于创意本身的特性，创意产品的主要创作内涵都体现于该产品的表现形式之中，而该表现形式要尽可能便于观众的接受。因此，观众在接受创意产品并通过转述而使之在社会系统内传播的过程中，一般能够借助各种媒介工具较为完整切实地对创意产品进行描述，新的创意受体也能通过这种描述获得较为完整的创意产品的相关信息。与此不同的是，技术创新产品的传播过程不能完全依赖于其表现形式，其复杂的技术内涵一般需要专业化的传播路径，而不能由受众的普遍性传播方式来实现。

（3）电视媒体创意产品不因市场的反馈意见而做出修正。由于创意产品具有精神文化产品的性质，电视观众对其反馈意见一般为主观性评价，即所谓仁者见仁，智者见智，因此创意产品本身通常不会依据这些反馈意见进行修改。而技术创新产品由于存在客观的性能及指标，对其评价也一般具有客观性，所以会很快根据市场的反馈意见而进行调整。虽然部分商业利益比较直接的文化创意产品会根据市场的反馈意见做出修正，但只能是该创意已经在相当数量的观众中有了充分扩散之后才可能获得值得采纳的受众意见，因此作为创意扩散的模型研究，可以先针对创意扩散的单次发生过程建立模型。

（4）电视媒体创意产品受体进一步传播该创意到其自认为会对该创意产生共振的人群中，这一过程与观众群体获得该创意的途径，以及该受体进一步传播该创意的途径无关。同样，创意产品的主要性质较完整地体现于其形式之中，即所谓"所见即真"，所以各种传播渠道都能较为理想地传播创意产品，而且不会受到真实性质疑，不同传播渠道均能实现向特定的、其思想背景能够对该创意产生共振的人群传播创意产品。而技术创新产品一般存在较为复杂的真伪辨别问题，不同传播方式很难抽象等效。

（5）设定 u_a 为创意拒斥系数，定义为社会系统中绝对拒斥该创意产品的社会个体所占的比例，描述了社会个体对新创意的拒斥程度；设定 u_s 为传播系数，定义为社会系统中接受并进一步向其他社会个体传播该创意产品的社会个体所占的比例，描述了社会系统对创意扩散的贡献程度；设定 n 为社会信息扩散的迟滞系数，定义为信息在特定社会系统中的传播速度与在当前理想社会系统中传播速度的比值，描述了不同社会系统的信息传播能力，与社会的整体技术水平、主流生活方式有关；设定 g 为交际异性系数，描述了社会系统中接受并传播某一创意产品的社会个体对其自身的不同交际人群传播该创意的能力与力度差异，与相关人群不同的人际关系和不同的思想、知识背景有关。上述各参量可以通过在社会中进行抽样问卷调查或数据调查获得，在模型构建中视为已知。

由上述分析可知，假设基本符合创意在社会体系中扩散的实际过程，而且一定程度上体现了创意扩散与技术创新扩散的基本异同。

第三节 电视媒体创意在社会系统内的自由碰撞过程

建立上述五条基本假设后，创意在社会系统中的扩散过程即可采用基本粒子的自由碰撞输运理论进行描述。物理学上描述粒子体系运动状态的自由碰撞统计模型是粒子物理学的基础模型，该模型将粒子体系内的扩散行为处理成定向的粒子流在运动过程中，按照与其物理行为相符的规律，与粒子体系内随机分布的粒子发生随机性自由碰撞的过程。粒子在体系内的扩散过程可归结为自由行走或发生弹性碰撞而出现吸收、散射等的现象，可由平均自由程、吸收系数、散射系数等物理量来描述，通过对这些随机作用的跟踪和统计可获得描述粒子流在体系内扩散的相关宏观物理量。这一处理粒子扩散过程的方法，结合上述建立的基本假设，能够应用于电视媒体创意扩散过程的机理性描述。在现实中，电视媒体创意在社会系统内的扩散在以下特征的基础上均符合自由碰撞过程。

（1）创意在电视媒体领域，通过电视的直接传播，被广大观众完全自由地接受或排斥，而不受任何系统外界强制力的约束，因此在创意的传播路径上完全具备自由碰撞的特点。

（2）设定某一抽象意义上的创意，在特定社会系统中产生并传播，这一过程可以视为该创意作为一个抽象点，在特定社会系统中的连续自由碰撞过程。

（3）在创意点行走过程中，接触到一个抽象的社会个体时，可能遭受完全拒斥而消失，也可能被接受并被该个体向特定的人际方向传播，即增加了一个创意点继续传播。根据自由碰撞理论可以设计一个近似的迭代过程，对社会系统内一段时间之后总的创意接受个体数量进行统计，从而给出创意在社会系统中扩散的基本趋势。

上述抽象概念均可在电视媒体的运营实际中获得明确的现实意义。

（1）创意点即可视为一个经过创意设计的、独立的电视节目向电视频道有效覆盖区域分别传播的各点，其总数可视为接入用户总数；

（2）电视节目通过电视传媒在一定区域内播放，无障碍地呈现在线路中，即为创意点的自由行走；

（3）观众收看电视节目，对其有一定概率的认可或拒斥，认可即可视为创意点与受体发生弹性碰撞而继续传播，拒斥即可视为创意点被吸收而消失；

（4）通过电视传媒系统后所剩余的创意点总数即可代表该项创意经过传播后的扩散效果，点总数的变化即描述了创意扩散不同阶段的总趋势。

以这种方式，立足于创意点在媒介内的自由碰撞过程，通过相应的迭代运算处理，即可实现对创意传播和扩散的宏观过程机理的把握。该方法迭代过程中的一些为便于数学处理而设定的概念不具备鲜明的现实意义。

本章据此建立了一个基本完整的、全新的自由碰撞模型，该模型可以描述电视媒体创意扩散在创意一般性传播过程中的总体趋势，经模拟分析，可以验证该模型给出的趋势在现实中的合理性。结合第三章中共振模型所描述的创意接受过程，可以从创意在社会体系内的整体传播规律和创意与人的相互作用模式两方面，比较完整地描述电视媒体创意扩散的机理，而在其他创意产业领域内，这两组模型经特定的修正同样具有应用价值。

下述计算过程中涉及的电视媒体指标度量可参见第三章第三节。

一　创意扩散范围

根据电视媒体的实际情况，创意点被受体接受视为继续存在，被受体拒斥视为消失，创意点总数的变化系数 u_t 由创意扩散在一定范围内的创意点与受体单元发生不同作用的概率决定。基于以上假设，该过程可采用物理学经典的粒子连续自由碰撞模型来描述。根据粒子自由程的表达式，创意点在社会系统内孤立自由行走范围步长 l 大于某一任意步长 l_1 的概率可以写成：

$$P(l \geq l_1) = e^{-u_t l_1} \qquad (5-1)$$

在步长（$0, l_1$）的区域发生拒斥和接受传播的作用概率为：

$$P(l < l_1) = 1 - e^{-u_t l_1} \qquad (5-2)$$

由随机抽样可得，创意点与受体单元两次交互作用之间的自由行程 l 的随机产生公式为：

$$l_1 = -\frac{1}{u_t} \ln R_1 \qquad (5-3)$$

式中，R_1 为 [0，1] 内均匀分布的独立随机数。

二 创意与社会个体的接受关系判定

第四章描述了创意点在媒介中的自由行走范围。当创意点与观众接触并发生作用时，在相互作用点上，根据局部特性，创意点的接受传播概率为 $Ps = u_s/u_t$（u_s 为接受系数），拒斥概率为 $Pa = u_a/u_t$（u_a 为拒斥系数），于是可以用另一个 [0，1] 内均匀分布的独立随机数 R_2 作为创意与社会个体相互作用方式的判定标准，即若 $R_2 < Ps$，创意点被接受，重新产生一个创意点并继续传播；否则，创意点被拒斥而彻底消失。以上过程不断重复。

初始创意点所行走的媒介空间范围，在含义上即为某个节目在某一市场区域上所实现的市场份额。我们对黑龙江电视台各节目在哈尔滨市区的市场份额进行了调查，并进行了独立的总结和分析。以哈尔滨为基地的《龙腾剧场》和《本山快乐营》收视较好，贡献突出。从收视表现和频道节目制作出发，选择收视表现较好和频道主要自制栏目做进一步收视分析，有《龙腾剧场》《本山快乐营》《快活武林》《快乐大联盟》《早间剧场》《你好俄罗斯》《北疆子弟兵》《共度晨光》《新闻夜航》和《新华视点》等。

以黑龙江卫视全天收视为参考，《龙腾剧场》《本山快乐营》《快活武林》《快乐大联盟》和《新闻夜航》的收视率高于频道总体水平。市场表现上，《本山快乐营》《快乐大联盟》《早间剧场》《你好俄罗斯》《北疆子弟兵》和《新闻夜航》的市场份额均高于频道总体水平，对应时间段指数高于100%，对频道获得市场份额的贡献突出，影响较大。时间段贡献是指特定频道特定时段的观众收视时间与该频道观众总收视时间的百分比值，反映了某一特定时段/节目对本频道总收视时间的贡献，数值越大，贡献越大。根据图5-1，与黑龙江卫视2009年的情况类似，大多数主要栏目的月度市场份额呈下降趋势，只有《本山快乐营》的月度市场份额有所增长。

三 创意传播方向与边界处理

计算过程中，当创意点被接受并继续传播时，需要确定其继续传播方向与原传播方向的方向角 (ϕ, θ)。传播方向的现实意义可以认为是，创意接受者在接受某创意后，会向与自身有特定社会关系且有特定知识背景的群体传播该创意，传播方向存在交际异性，即创意接受者会向其自认为会对该创意感兴趣的个体传播该创意。根据物理学自由碰撞理论体系的相关推导可以得到创意传播方向角，具体如下。

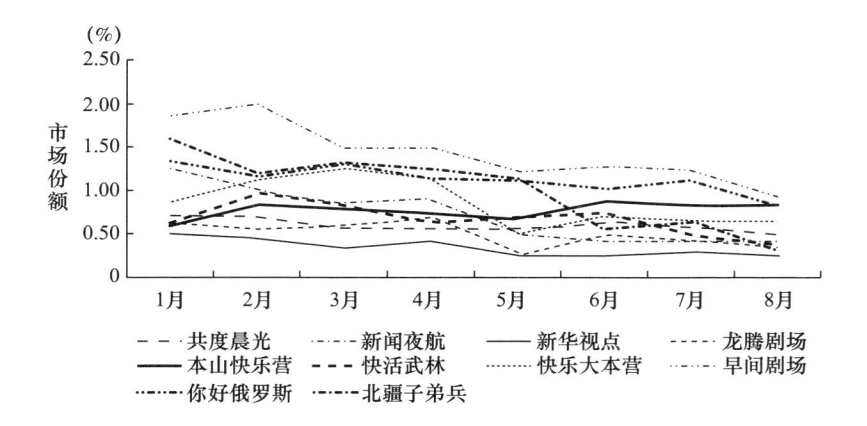

图 5-1　黑龙江卫视主要栏目 2009 年市场份额月走势

资料来源：CSM 媒介研究所：《黑龙江电视台媒体竞争与发展研究报告》，2009 年。

$$\begin{cases} \phi = 2\pi R_4 \\ \theta = \begin{cases} \cos^{-1}\left\{\dfrac{1}{2g}\left[1+g^2-\left(\dfrac{1-g^2}{1-g+2gR_3}\right)^2\right]\right\}, & g \neq 0 \\ \cos^{-1}(2R_3-1), & g = 0 \end{cases} \end{cases} \quad (5-4)$$

式中，R_3 和 R_4 均为 [0, 1] 内均匀分布的独立随机数；g 为交际异性系数。该式主要用于自由碰撞理论体系的推导和迭代设计过程。创意点被接受并被继续传播到下一个个体的位置坐标可由下式确定：

$$\begin{cases} x' = x + l\sin\theta\cos\phi \\ y' = y + l\sin\theta\sin\phi \\ z' = z + l\cos\theta \end{cases} \quad (5-5)$$

式中，(x, y, z) 为相互作用点坐标，(x', y', z') 为创意点经过 l 步长，与个体间发生接受关系并继续传播的新位置坐标。

创意点通过上述过程可能达到模型边界,边界的现实意义可以理解为创意所针对的潜在接受者全体,社会系统中不具备特定知识背景的个体不能接受特定的创意,边界亦即特定创意扩散的研究观察范围,可根据具体问题设定为 R_5。

第四节 自由碰撞统计模型的模拟分析

实际应用中,创意扩散的现实过程通常缺乏大规模的调查统计数据,而上述模型虽然相对精确地描述了创意点传播的真实过程,属于无偏估计,方差最大,但由于其要求大量调查数据,在处理具体某种创意扩散的过程中,难以满足其要求。因此,在设计该模型模拟算法的迭代流程中,采用近似处理。将扩散点处理成具有一定初始权值 W_0 的点包,每次与创意受体发生交互时,该创意点包按拒斥概率和接受传播概率被分为两部分,发生 k 次迭代后,权值修改为:

$$W_{k+1} = W_k P_s \qquad (5-6)$$

权值更新后的创意点包继续传播并与受体发生作用,当创意点权值小于给定阈值 W_{th} 时(由不同实际情况确定),该创意点的继续传播对整体的创意扩散贡献可以忽略不计。但为了避免程序简单中断带来的分布不连续性,通常采用经典的、常用的俄罗斯轮盘赌中断技术,给予创意点包 $1/m$ 的 mW 权值存在机会,m 为每次更新后的迭代系数数值,即若 $R_2 \leqslant 1/m$,$W_{k+1} = mW_k$,创意点包继续传播;否则,$W_{k+1} = 0$,创意点包消失。该过程所需的计算数据极少,因与真实过程有一定差距,

第五章　基于自由碰撞统计模型的电视媒体创意扩散宏观机理研究 | 111

其估计存在下偏，但运算流程保证了其方差最小。该模拟过程的流程如图5-2所示。首先系统随机产生创意在社会体系中自由行走步长的估计值，然后将创意点包移动一步，判断创意点包按该步长移动后与受体人群的作用结果。如果创意点包发生碰撞而被吸收，即创意被观众接受，则计入一个计算结果；如果创意点包继续自由行走或经碰撞发生散射，则点包存在，输入新步长以更新权值，判断权值合理后，重新开始下一轮迭代过程。

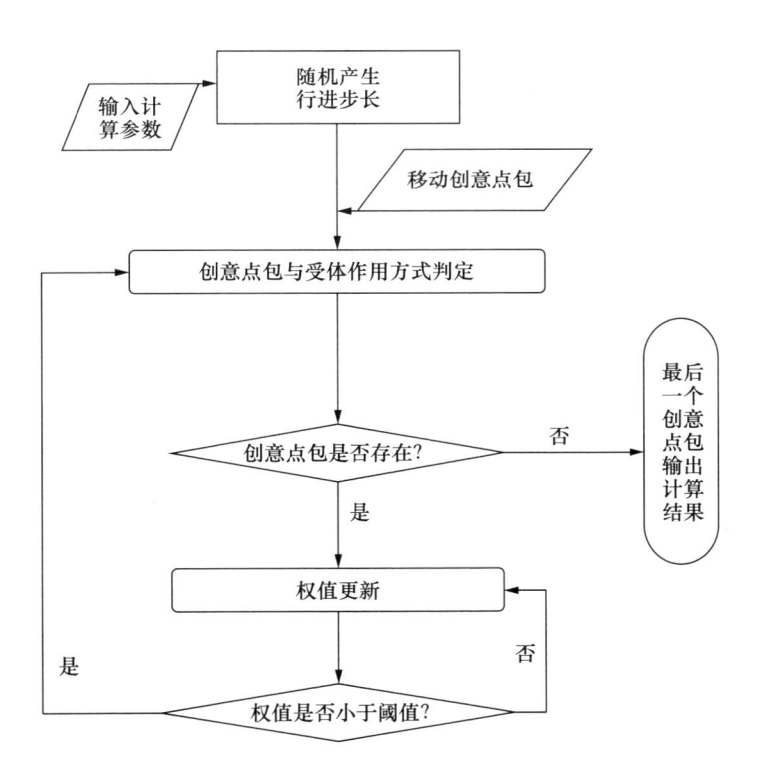

图5-2　创意扩散的自由碰撞模型模拟流程

根据上述流程，输入黑龙江电视台近年来创意性栏目《新闻夜航》播出后的部分实测数据，计算中各参数均由回归分析以及实际的常规经验设定，统计关系完全依照传媒领域的基本概念进行。数据来源于对《新闻夜航》2009 年 1—8 月在 35 个中心城市的收视情况的统计结果（见表 5-1）。

表 5-1　《新闻夜航》在 35 个中心城市的时段竞争情况　　单位：%

排名	频道	收视率	市场份额
1	湖南电视台卫星频道	0.576	3.77
2	辽宁卫视	0.440	2.88
3	湖北卫视	0.296	1.94
4	浙江卫视	0.262	1.71
5	山东卫视	0.233	1.52
6	安徽卫视	0.219	1.43
7	江苏卫视	0.217	1.42
8	江西电视台卫星频道（一套）	0.196	1.29
9	上海东方卫视	0.169	1.11
10	深圳卫视（新闻综合频道）	0.164	1.08
11	天津卫视	0.159	1.04
12	吉林卫视	0.150	0.98
13	重庆卫视	0.124	0.81
14	黑龙江电视台卫星频道	0.110	0.72
15	四川卫视	0.101	0.66
16	北京卡酷动画卫星频道	0.095	0.62
17	河北卫视	0.094	0.62
18	云南电视台卫视频道（一套）	0.086	0.56

续表

排名	频道	收视率	市场份额
19	河南电视台卫星频道（一套）	0.085	0.56
20	北京卫视	0.083	0.54
21	广西电视台卫星频道	0.066	0.43
22	广东卫视	0.059	0.38
23	贵州卫视	0.055	0.36
24	福建省广播影视集团东南电视台	0.043	0.28
25	陕西卫视	0.038	0.25

资料来源：CSM 媒介研究所：《黑龙江电视台媒体竞争与发展研究报告》，2009 年。

收视率反映的是在特定时段收看某一频道或某一节目的人数在总体推及人口中的比例，可以认为收视观众为接受该节目创意的受众，收视率即为描述创意接受情况的传播系数 $u_s = 0.110$；在相同时段收看其他台，表示观众没有接受该节目的创意而接受了有竞争关系的其他创意，其统计期望即为拒斥系数 $u_a = 0.175$；迟滞系数 n 按回归分析所得的经验平均水平估计为 $n = 1.4$；交际异性系数代表创意接受者的兴趣取向与其再传播者的兴趣取向差异，在多数情况下，创意接受者会认为与自身有相同兴趣取向的群体会对同一创意产生兴趣，因此可认为 $g = 1$，但这不是绝对的，根据常规经验，通常设 $g = 0.9$；市场份额为收看某一节目的人数占当时所有收看电视的人数的比例，初始创意点包量按 35 个中心城市由市场份额所表征的当前收视人口量代入。将上述参数代入由图 5-2 所描述的迭代过程，在单次迭代中依次使用式（5-3）、式（5-5）、式（5-2）、式

(5-6),并不断生成随机数 R 参与迭代运算,输出创意点数量按时间—空间的分布结果即描述了创意在媒介扩散的总体趋势。输入上述初始数据及参数,结合前文介绍的收视率及市场份额算式,经过迭代运算得到的模拟结果如图 5-3 所示。

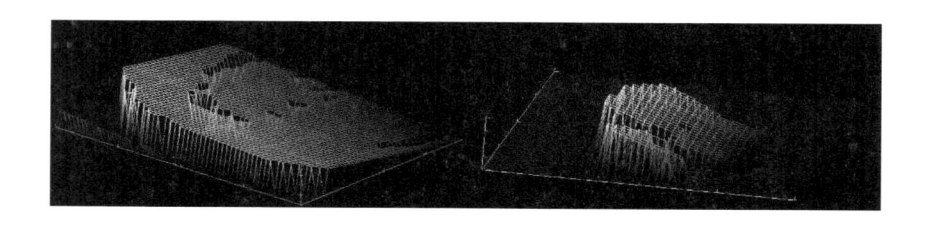

图 5-3 黑龙江电视台创意产品扩散的整体趋势

图 5-3 的纵(Z)坐标表示了创意点数量,通过电视传媒系统后所剩余的创意点数量代表了该项创意经过传播后的扩散效果,创意点数量的变化描述了创意扩散不同阶段的总趋势。平面坐标为时空坐标,时间坐标表示了创意传播的时间。空间坐标为辅助参量,抽象描述了创意点在受众人群空间中的传播距离,不具明确的现实意义,且创意点总数基本不随空间发生变化,微量变化由迭代误差产生。经媒体传播后,创意点数量先急剧增加后缓慢减少,即创意在扩散过程中先经历较为剧烈的膨胀式扩散过程,然后逐渐衰退,这与创意本身所具有的新鲜感对人的剧烈触动和逐渐老化丧失的定性分析过程是一致的。图 5-4 是图 5-3 在时间坐标截面的示意图,纵坐标为创意点数量,横坐标为创意传播的时间,该图能更好地说明创意扩散的实际趋势。

图 5-4 反映了社会系统中接受创意的个体总数随时间的变化情况，即反映了创意在社会系统中扩散的总趋势。其中，时间坐标负值部分无实际意义；图中所标参数为程序自动生成，无现实意义。创意的扩散过程是一个不断加剧直至顶峰，继而开始衰减的过程，其上升过程代表了新的创意在不断吸引潜在受体的过程中发生的扩散，潜在受体不断通过各种渠道获知该创意，接受并继续传播；该过程的饱和则反映了多数潜在受体基本已经获知并接受该创意，创意受体数量趋于稳定；此后，创意的新颖性逐渐丧失，创意成为既有的、受众相对熟悉的普通精神文化产品，其扩散趋于衰减，直至成为夕阳产品而被淘汰或全面更新。另外，创意扩散的上升速率高于衰退速率，这是因为创意丧失新颖性后，一般来说，人们对创意产品的怀旧心态将对创意扩散发挥一定积极的挽回性作用。

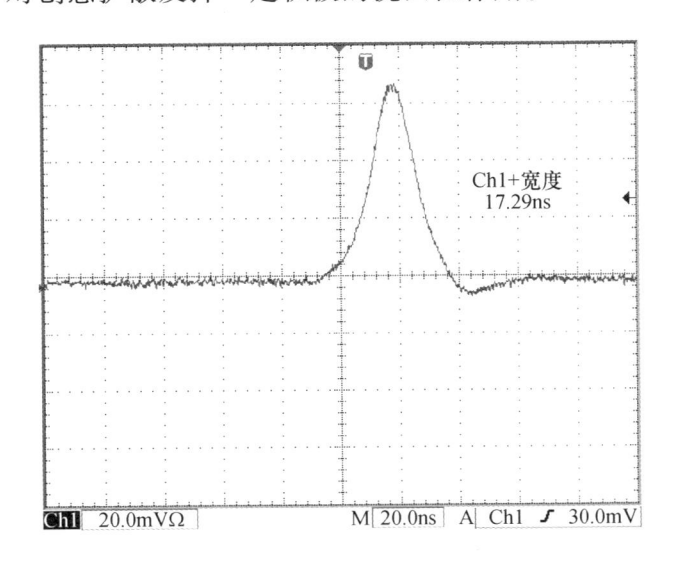

图 5-4 黑龙江电视台创意产品扩散的自由碰撞统计模拟（坐标截面图）

第五节 基于实测数据的自由碰撞模型检验

电视媒体创意扩散的自由碰撞模型所描述的创意扩散整体趋势,体现在频道节目资源使用效率上,频道节目资源使用效率在现实意义上与粒子体系自由碰撞频率所具有的物理意义具有含义上的一致性。因此,下面对黑龙江电视台频道节目资源使用效率进行相应的统计研究,通过实测数据与模型给出数据的对比,验证自由碰撞模型的有效性。

从第三章第三节可知,资源使用效率的度量式可写为:

$$电视节目资源使用效率 = \frac{电视节目播出份额 - 电视节目收视份额}{电视节目播出份额} \times 100\% \tag{5-7}$$

视某一节目为一个独立的创意点包,按图 5-2 所表示的迭代过程运算得出经媒介传播后的创意点总数即为模型理论所得的电视节目收视份额,电视节目播出份额在现实中为固定数值,由各电视台的实际数据给出,视为已知。由此即可计算出电视节目资源使用效率。该计算值可与抽样收视调查所得的电视节目资源使用效率数值相比较,以验证模型运算的实际意义。

根据以上模型指标,可以将对黑龙江卫视的节目资源使用效率进行实际调查所得的数据与自由碰撞统计模型迭代算法给出的数据进行分析和比对,验证模型的有效性。利用 2009 年前 8 个月的数据,时间段为晚间黄金时段(18:00—24:00),其中资源使用效率的理论运算值标为"理论值"（见表 5 - 2）。

表 5 - 2　　黑龙江卫视在 35 个中心城市各类节目的
资源使用效率（18：00—24：00）　　　单位：%

节目类型	所有省级卫视			黑龙江卫视		
	播出比重	理论值	资源使用效率	播出比重	理论值	资源使用效率
电视剧	33.74	24.34	22.53	42.20	31.11	21.11
新闻/时事	19.80	-34.97	-54.70	19.69	-35.73	-45.51
综艺	8.77	108.29	108.55	11.43	47.45	52.67
生活服务	7.58	-25.71	-24.67	2.61	12.92	11.88
专题	7.17	7.58	5.72	2.10	-31.44	-31.43
体育	1.56	-52.40	-74.36	1.40	-21.04	-25.71
财经	1.10	-32.65	-40.91	0.00	0.00	0.00
青少	0.73	0.73	0.00	0.00	0.00	0.00
法制	0.59	-15.43	-27.12	0.00	0.00	0.00
音乐	0.57	-30.38	-33.33	0.04	-50.02	-50.00
戏剧	0.33	0.32	-3.03	0.08	-60.02	-75.00
电影	0.23	0.22	-4.35	0.00	0.00	0.00
教学	0.08	-39.04	-50.00	0.00	0.00	0.00
外语	0.02	-80.00	-100.00	0.00	0.00	0.00
其他	17.73	-14.93	-15.79	20.44	-15.26	-25.34

资料来源：CSM 媒介研究所：《黑龙江电视台媒体竞争与发展研究报告》，2009 年。

在晚间 18：00—24：00，黑龙江卫视播出的电视剧比重要明显高于 31 个省级卫视的平均水平，新闻/时事播出数量与省级卫视总体水平相当，综艺节目播出比重高于省级卫视总体水平，而生活服务和专题类节目明显低于省级卫视总体水平。从收视方面看，电视剧所占比重超过了一半，综艺和新闻/时事的表现与省级卫视的水平相当，生活服务和专题类节目由于播出量小，在收视上所占比重也较低。在各类节目资源使用效率方面，综艺、电视剧和生活服务类使用效率不错，而专题类节目与所有省级卫视的总体水平差距较大。

按自由碰撞模型理论迭代计算所得的资源使用效率数据，与现实中抽样调查所得数据保持了大体上的一致性；部分数据严重偏离，是由于现实调查能力有限，造成许多数据调查量较低，偶然因素造成的偏差被严重放大，数据比对不具有现实意义。若今后有能力进行更大规模的现实数据调查，对模型的实证检验将更有意义。

第六章　基于创意扩散的黑龙江电视台节目的创新与发展

为验证电视媒体创意扩散的两种理论模型，在电视媒体进行了大量的数据调查，获得了很多不直接与模型相关的现实数据，这些数据中有相当数量与电视媒体创意扩散的一些问题相关，也与黑龙江电视台的发展整体相关。本章充分利用这些数据分析了黑龙江电视台创意产品扩散的现状、发展格局和广告竞争力，并有针对性地为黑龙江电视台创意产品的改进与发展提出了参考性建议。

第一节　基于创意扩散共振模型的黑龙江电视台品牌竞争力分析

本节将依据第四章第五节所示原理，利用电视媒体创意扩散的共振模型所提出的类型匹配条件，主要从打造频道品牌角度对黑龙江电视台品牌建设进行研究。针对黑龙江卫视，主要使用2009年上半年中国广视索福瑞媒介研究（CSM）关于全国上星频道满意度的调查数据；针对六个地面频道，主要使用

2009年哈尔滨地区基础研究数据。本节中品牌竞争力的分析和数据计算，与第四章第五节中依据创意扩散的共振模型具体得出全国卫星频道实测观众满意度值与品牌竞争力 ω 值排名表（见表4-1）的过程同理。

一 黑龙江卫视的品牌竞争力分析

在第四章第五节中，根据电视媒体创意扩散的共振模型所提出的类型匹配条件，计算并调查了黑龙江卫视的品牌竞争力，本节将据此针对黑龙江电视台的品牌建设进行进一步的分析和研究。电视台的品牌影响力大体上与观众收视类型分布的比率有关，并体现在频道满意度等指标的排名上。黑龙江电视台成立于1958年12月20日，是中国创建最早的三座电视台之一。经过近50年的不断改革与完善，电视台已经发展成为拥有卫视、影视、都市等七个电视频道，节目覆盖中国全境及亚太50多个国家和地区的综合性电视媒体。2003年，黑龙江电视台成为全国第一个通过ISO9001质量管理体系认证的省级电视台，从而使全台各项管理工作步入了科学化、规范化轨道。自2007年来，黑龙江电视台全面超越中央电视台成为省内最强的收视军团。

（一）*黑龙江卫视频道满意度居省级卫视第4位*

2009年上半年进行了全国电视观众满意度调查，其对象为包括黑龙江卫视在内的47个卫星频道，有中央电视台的15个频道、31个省级卫视和中国教育台一套。频道满意度是指过去7天收看过一个电视频道节目的观众对该频道的平均满意程度。评分标准是0—100分制。每个频道都是由看过并留有印象的观众对频道品质的认可程度进行满意程度高低的评分。从这次调查所得的结果来看，31个省级卫视在全国的平均满意度是

78.4，黑龙江卫视的满意度为80.7，在所有47个受调查的频道中排名第18位，而在31个省级卫视中仅次于湖南卫视、上海东方卫视、辽宁卫视，排名第4。黑龙江卫视在中心城市的满意度指数为75.82，在所有频道中排第27位，在31个省级卫视中排第11位。由此可见，黑龙江卫视在全国市场的满意度要远高于在中心城市的观众满意度。从不同区域市场来看，黑龙江卫视在东北和西北地区的满意度最高，在华中地区的满意度最低，北方观众对黑龙江卫视的认可程度要高于南方。这些实测数据与模型描述的总体概况是基本吻合的。

对频道播出的栏目、频道的节目编排和频道播出的广告三个方面的满意度调查显示，31个省级卫视播出栏目的平均满意度是83.89，黑龙江卫视的满意度为84.48，在所有47个受调查的频道中排第17位，在31个省级卫视中仅次于湖南卫视和辽宁卫视，排第3位。31个省级卫视频道节目编排的平均满意度是81.08，黑龙江卫视的满意度为81.69，在所有47个受调查的频道中排第19位，在31个省级卫视中仅次于湖南卫视、吉林卫视、上海东方卫视和辽宁卫视，排第5位。31个省级卫视频道播出广告的平均满意度是65.98，黑龙江卫视的满意度为62.78，在所有47个受调查的频道中排第36位，在31个省级卫视中排第20位。对于黑龙江卫视而言，频道播出的广告已经成为其收视和品牌发展的一个重要障碍。

（二）黑龙江卫视品牌建设居省级卫视第2位

在品牌建设方面，黑龙江卫视的得分非常靠前，在全国市场中排第13位，31个省级卫视中仅次于湖南卫视，排第2位；在中心城市市场中排第15位，31个省级卫视中仅次于湖南卫视、旅游卫视、北京卫视、上海东方卫视，排第5位。在品牌建设方面，品牌识别同样非常重要，黑龙江卫视在全国市场中排第15位，31个省级卫视中仅次于湖南卫视和安徽卫视，排第3位；在中心城市市场中，排第16位，31个省级卫视中仅次于湖南卫视和上海东方卫视，排第3位。

（三）黑龙江卫视节目创新力度居省级卫视第2位

在节目创新力度方面，黑龙江卫视得分靠前，在全国市场中排第12位，31个省级卫视中仅次于湖南卫视，排第2位；在中心城市市场中，排第17位，31个省级卫视中次于湖南卫视、上海东方卫视、北京卫视、旅游卫视、浙江卫视，排第6位。在举办大型活动方面，黑龙江卫视在全国市场中排第10位，31个省级卫视中仅次于湖南卫视，排第2位；在中心城市市场中，排第15位，31个省级卫视中仅次于湖南卫视、上海东方卫视、北京卫视、旅游卫视，排第5位。在影视剧表现方面，在全国市场中排第7位，31个省级卫视中仅次于湖南卫视、安徽卫视和江西卫视，排第4位；在中心城市市场中，排第6位，31个省级卫视中仅次于湖南卫视、北京卫视，排第3位。在节目创新、举办大型活动，以及影视剧竞争中，黑龙江卫视有一定的竞争力。

根据表4-1，从黑龙江卫视满意度指标的分析结果来看，可以总结出三点：第一，黑龙江卫视在全国市场的满意度要高于在中心城市市场的满意度，在北方市场中的满意度要高于南方市场。第二，黑龙江卫视在栏目内容、节目编排和播出广告三个方面，对比而言，播出的广告及广告环境严重抑制了频道整体收视和品牌发展。第三，黑龙江卫视在品牌建设和节目创新上具有较高的水平，在全国和中心城市市场中的表现都很强势。

二 黑龙江电视台地面频道品牌竞争力

黑龙江电视台除卫视外，还有六个地面频道，它们是影视频道、都市频道、法制频道、文艺频道、公共频道和少儿频道。下面基于2009年哈尔滨地区的实际调查数据，代入第四章第五节中给出的创意扩散共振模型计算体系，针对哈尔滨地区能够收看到的主要电视频道，包括黑龙江电视台、哈尔滨电视台、中央电视台、省级卫视等，进行频道质量评价，进一步分析黑龙江电视台六个地面频道的品牌影响力。分析中，收视时长、接触人数依旧由哈尔滨地区的抽样问卷调查得出，总体推及人口数即为开通有线电视用户总数，权重按一般做法设为1。

表6-1列出了哈尔滨地区所能接收的电视频道在本地区按模型计算出的品牌竞争力 ω 数值与通过问卷调查所得的观众满意度排名数据的对比情况，从表中可以看到，二者在排名趋势上具有总体的一致性。

表6-1 哈尔滨地区频道观众满意度与品牌竞争力 ω 值排名情况

排名	频道名称	观众满意度	品牌竞争力 ω 值
1	中央电视台综合频道	70.69	99.08
2	黑龙江电视台都市频道	70.52	82.12
3	中央台二套	70.28	74.32
4	中央台五套	70.27	76.37
5	湖南电视台卫星频道	70.23	73.81
6	黑龙江电视台影视频道	70.21	74.99
7	中央台十套	70.20	73.87
8	中央台三套	70.19	73.05
9	哈尔滨电视台都市资讯频道	70.19	72.90
10	黑龙江卫视	70.18	72.75
11	中央台四套	70.17	72.39

续表

排名	频道名称	观众满意度	品牌竞争力ω值
12	哈尔滨电视台新闻综合频道	70.15	71.42
13	中央电视台新闻频道	70.15	73.76
14	黑龙江电视台法制频道	70.15	71.74
15	哈尔滨电视台娱乐频道	70.11	70.87
16	中央台六套	70.11	71.26
17	黑龙江电视台文艺频道	70.11	71.09
18	中央台八套	70.10	70.69
19	中央台七套	70.10	70.21
20	黑龙江电视台公共频道	70.09	70.53
21	哈尔滨电视台影视频道	70.09	70.18
22	辽宁卫视	70.09	70.99
23	中央台十一套	70.08	70.35
24	湖北卫视	70.08	70.19
25	旅游卫视	70.08	70.30
26	中央电视台少儿频道	70.08	70.09
27	浙江卫视	70.08	70.19
28	黑龙江电视台少儿频道	70.07	70.21
29	上海东方卫视	70.07	70.09
30	吉林卫视	70.07	70.12

资料来源：CSM 媒介研究所：《黑龙江电视台媒体竞争与发展研究报告》，2009年。

对于黑龙江电视台的六个地面频道，品牌影响力从高到低依次是都市频道、影视频道、法制频道、文艺频道、公共频道、少儿频道。在栏目方面，都市频道的《新闻夜航》无论是在收视上还是在观众喜好上都体现出绝对的品牌优势。这与电视栏目品牌类型和观众收视类型的分布比率相一致。

第二节 基于创意扩散自由碰撞模型的黑龙江电视台地面频道节目资源使用效率分析

电视频道节目资源使用效率的现实意义与粒子体系自由碰撞频率所具有的物理意义具有含义上的一致性,因此利用创意扩散的自由碰撞模型可以计算并分析电视频道节目资源使用效率。本节将对黑龙江电视台六个地面频道节目的资源使用效率进行相应的理论计算和统计研究。

根据式(5-7),视某一节目为一个独立的创意点包,按图5-2所表示的迭代过程运算得出经媒介传播后的创意点总数即为模型理论所得的电视节目收视份额,电视节目播出份额在现实中为固定数值,是各电视台的实际播出数据,视为已知。由此即可计算出电视节目资源使用效率。本节针对黑龙江电视台六个地面频道节目资源使用效率进行分析,同时附上抽样收视调查所得的电视节目资源使用效率数值作为参考,以补充理论假设的一些偏差。

根据创意扩散的自由碰撞模型的迭代算法(见图5-2),分别对黑龙江电视台六个地面频道的节目资源使用效率进行分析。此分析同样利用2009年前8个月的数据(见表6-2至表6-7),时间段为晚间黄金时段(18:00—24:00)。在表中,资源使用效率的模型运算值标为"理论值",作为参考的实测统计数据也标在表中。

（1）影视频道的节目资源使用效率。黑龙江影视频道的节目内容和频道定位基本一致，电视剧占全天播出量的三分之二，而且电视剧的利用效率也是几类节目中最高的，其余几类节目的资源使用效率都不如电视剧（见表6-2）。

表6-2　　　　影视频道在黑龙江/哈尔滨市场的
节目资源使用效率（18:00—24:00）　　　单位:%

节目类型	黑龙江			哈尔滨（M）		
	播出比重	理论值	资源使用效率	播出比重	理论值	资源使用效率
电视剧	66.47	7.51	7.58	66.47	18.22	17.68
专题	4.13	-51.44	-65.13	4.13	-41.88	-54.48
生活服务	4.00	-22.82	-29.50	4.00	-42.22	-44.50
综艺	3.81	-54.89	-76.64	3.81	-51.29	-66.14
其他	21.59	23.34	8.11	21.59	-16.40	-24.04

注：区别于省域，M表示区域中心城市。下同

资料来源：CSM媒介研究所：《黑龙江电视台媒体竞争与发展研究报告》，2009年。

（2）都市频道的节目资源使用效率。黑龙江都市频道晚间（18:00—24:00）主要播出四类节目，即新闻/时事、专题、生活服务和综艺，特别是新闻/时事类节目和专题类节目占总播出时长的六成。从收视上看，晚间（18:00—24:00）以新闻/时事、专题和生活服务三类节目所占的收视比重较大。从节目使用效率来看，晚间（18:00—24:00）只有新闻/时事在黑龙江市场和哈尔滨市场都表现出良好的使用效率（见表6-3）。

表 6 – 3   都市频道在黑龙江/哈尔滨市场的节目资源使用效率（18:00—24:00）   单位:%

节目类型	黑龙江			哈尔滨（M）		
	播出比重	理论值	资源使用效率	播出比重	理论值	资源使用效率
新闻/时事	38.04	13.97	15.59	38.04	48.15	26.58
专题	22.45	-2.77	-7.48	22.45	-20.30	-9.58
生活服务	10.34	1.52	1.74	10.34	-9.14	-11.61
综艺	7.64	-62.98	-60.99	7.64	-43.69	-51.70
体育	2.33	-21.79	-23.18	2.33	-2.10	-9.87
电视剧	1.90	-100.01	-99.47	1.90	-100.19	-90.00
音乐	0.07	-10.06	-14.29	0.07	-40.04	-42.86
其他	17.23	19.91	15.55	17.23	-16.40	-4.82

资料来源：CSM 媒介研究所：《黑龙江电视台媒体竞争与发展研究报告》，2009 年。

（3）文艺频道的节目资源使用效率。黑龙江文艺频道主要播出两类节目，即综艺节目和电影，晚间（18:00—24:00）综艺节目播出量最大。从收视上看，晚间（18:00—24:00）综艺节目占收视比重的一半以上。从节目使用效率来看，晚间（18:00—24:00）综艺节目在黑龙江省和哈尔滨市都比较好，而电影在哈尔滨市的使用效率好于黑龙江省（见表6 – 4）。

（4）法制频道的节目资源使用效率。黑龙江法制频道虽然定位于"法制"，但从节目播出上看，全天（6:00—24:00）播出电视剧的量占总播出时长的56%。从收视上看，晚间（18:00—24:00）法制类节目的播出量占四分之一，得到了超过三分之一的收视比重，而白天电视剧占收视份额的六成以上。从节目使用效率来看，法制类节目和生活服务类节目使用效率较高,而电视剧在哈尔滨市场上要好于黑龙江市场(见表6-5)。

表6-4　　　文艺频道在黑龙江/哈尔滨市场的
节目资源使用效率(18:00—24:00)　　　单位:%

节目类型	黑龙江			哈尔滨(M)		
	播出比重	理论值	资源使用效率	播出比重	理论值	资源使用效率
综艺	47.62	12.80	10.88	47.62	23.97	13.33
电影	31.23	-19.97	-36.06	31.23	-9.74	-4.77
生活服务	5.60	-27.64	36.43	5.60	-5.01	-10.54
体育	0.76	-50.25	-67.11	0.76	-70.22	-71.05
戏剧	0.10	50.15	50.00	0.10	-70.03	-70.00
专题	0.07	70.12	71.43	0.07	-40.04	-42.86
音乐	0.07	50.11	57.14	0.07	0.07	0.00
其他	14.56	18.95	30.15	14.56	-10.92	-25.00

资料来源:CSM媒介研究所:《黑龙江电视台媒体竞争与发展研究报告》,2009年。

表6-5　　　法制频道在黑龙江/哈尔滨市场的
节目资源使用效率(18:00—24:00)　　　单位:%

节目类型	黑龙江			哈尔滨(M)		
	播出比重	理论值	资源使用效率	播出比重	理论值	资源使用效率
电视剧	42.15	-28.82	-31.63	42.15	16.99	11.48
法制	24.96	-36.82	47.52	24.96	31.62	26.68
生活服务	5.67	-37.91	39.51	5.67	-14.75	-16.23
专题	1.00	-50.50	-50.00	1.00	-20.75	-25.00
其他	26.22	-5.95	-1.03	26.22	-35.89	-39.40

资料来源:CSM媒介研究所:《黑龙江电视台媒体竞争与发展研究报告》,2009年。

(5) 公共频道的节目资源使用效率。黑龙江公共频道是黑龙江电视台中播出节目类型最多的频道。从播出上看,晚间(18:00—24:00)播出的主要节目类型有综艺、电影、生活服务、戏剧和新闻/时事。从收视上看,晚间(18:00—24:00)综艺和戏剧所占比例达到六成,主要与二人转节目有关。在资源使用效率上,晚间(18:00—24:00)使用效率高的节目是综艺和戏剧(见表6-6)。

表6-6　　　　公共频道在黑龙江/哈尔滨市场的
节目资源使用效率(18:00—24:00)　　单位:%

节目类型	黑龙江			哈尔滨(M)		
	播出比重	理论值	资源使用效率	播出比重	理论值	资源使用效率
综艺	25.86	40.57	56.88	25.86	36.29	40.33
电影	24.37	-75.60	-77.02	24.37	-18.74	-23.10
生活服务	10.16	-45.69	-44.00	10.16	-63.61	-64.47
戏剧	9.97	99.85	99.10	9.97	66.38	64.29
新闻/时事	8.81	-7.63	-13.39	8.81	9.79	11.12
财经	3.72	-41.86	-50.00	3.72	-51.52	-59.14
体育	2.79	-80.14	-94.98	2.79	-70.72	-74.19
专题	1.46	1.49	2.05	1.46	31.95	33.56
其他	12.85	17.16	33.54	12.85	-11.01	-14.32

资料来源:CSM媒介研究所:《黑龙江电视台媒体竞争与发展研究报告》,2009年。

(6) 少儿频道的节目资源使用效率。黑龙江少儿频道虽然定位于少儿,但是由于合办电视购物的影响,播出的节目中电视购物占了六成,而青少节目只占26%。从收视上看,晚间

(18:00—24:00)青少节目的播出比重虽不到一半却得到了七成以上的收视比重,白天(6:00—18:00)更是以17%的播出份额得到了45%的收视比重。从节目使用效率来看,青少节目的资源使用效率在此频道中比较高(见表6-7)。

表6-7　　　　少儿频道在黑龙江/哈尔滨市场的
　　　　　　节目资源使用效率(18:00—24:00)　　单位:%

节目类型	黑龙江			哈尔滨(M)		
	播出比重	理论值	资源使用效率	播出比重	理论值	资源使用效率
生活服务	45.02	-86.03	-86.61	45.02	-86.67	-85.18
青少	44.72	76.25	70.51	44.72	72.68	62.52
电视剧	4.66	26.40	37.34	4.66	112.20	161.80
综艺	0.65	-10.51	-21.54	0.65	-10.58	-10.77
其他	4.96	110.81	117.94	4.96	57.87	58.67

资料来源:CSM媒介研究所:《黑龙江电视台媒体竞争与发展研究报告》,2009年。

对黑龙江电视台六个频道自办节目的资源使用效率进行分析,利用2009年前8个月数据,时间段为6:00—18:00。黑龙江卫视自办栏目中,新闻类节目占有较大比重,但在全国35个中心城市市场中,其资源使用效率并不是很高,呈现负值,综艺节目是黑龙江卫视使用效率较高的节目类型,《本山快乐营》《快活武林》《快乐大联盟》都有很好表现;除此之外,访谈类节目《沟通——天舒工作室》也有较好的资源使用效率(见表6-8)。

表 6-8　黑龙江卫视自办栏目在全国 35 个中心城市市场中的
资源使用效率（6:00—24:00）　　　　　　　单位:%

栏目名称	节目形式	节目类别	播出比重（占频道播出总时长的比例）	理论值	资源使用效率
《本山快乐营》	自采	综艺娱乐	1.37	183.95	188.94
《新闻联播》	自采	新闻	2.29	-31.53	-33.03
《新闻夜航》	自采	新闻	1.54	-1.33	-13.50
《共度晨光》	编辑	新闻	4.01	-61.26	-68.67
《快活武林》	自采	综艺娱乐	0.68	71.22	77.97
《快乐大联盟》	自采	综艺娱乐	0.24	60.39	63.48
《今日话题》	自采	新闻	0.42	-30.27	-35.85
《感动》	自采	新闻	0.18	-10.15	-17.47
《沟通——天舒工作室》	自采	访谈	0.31	50.47	53.00
《问教》	自采	访谈	0.17	-50.07	-57.61
《点击 7 日》	编辑	新闻	0.19	-70.04	-78.52
《外语:你好,俄罗斯》	自采	新闻	0.11	-90.01	-90.97

资料来源:CSM 媒介研究所:《黑龙江电视台媒体竞争与发展研究报告》,2009 年。

按自由碰撞模型理论迭代计算所得的资源使用效率数据,与现实中抽样调查所得的数据保持了大体上的一致性;部分数据严重偏离,是由于现实调查能力有限,造成许多数据调查量较低,偶然因素造成的偏差被严重放大,数据比对不具有现实意义。若今后有能力进行更大规模的现实数据调查,对模型的实证检验将更有意义。

黑龙江电视台地面频道自办栏目中,每个频道都有自己的特点。影视频道两个自办栏目的资源使用效率不高,都为负值。都市频道自办栏目比较出众,如新闻节目《新闻夜航》《都市传奇》,无论是播出量还是资源使用效率都有很不错的表现;除此之外，生活服务类节目《生活一点通》和访谈类节目《沟通》也都有很好的使用效率。文艺频道自办栏目少，《看电影》和《边说边看》资源使用效率均不错。法制频道自办栏目资源使用效率较高，如《法制在线》《警察故事》《现在开庭》《说案》《大侦探》的资源使用效率都很好。公共频道自办栏目中，《乡村戏苑》资源使用效率最高；除此之外，新闻类节目《公共新闻网》《行风聚焦》和体育类节目《NBA赛场》的资源使用效率也不错。少儿频道自办栏目中，《知识糖》《小天鹅房车》和三个动漫节目《动漫爆米花》《动漫卡丁车》和《动漫糖果果》的资源使用效率都很高。

综上，可以得出以下结论：

第一，在全国35个中心城市中，省级卫视播出量最大的节目类型是电视剧、新闻/时事、生活服务、专题和综艺，而使用效率高的节目只有电视剧和综艺两类。

第二，在黑龙江市场和哈尔滨市场，播出量最大的五类节目同样是电视剧、新闻/时事、生活服务、专题和综艺，而使用效率高的节目类型除电视剧和综艺以外，还有新闻/时事。

第三，黑龙江电视台各频道节目在资源使用效率上各有优劣势。

第三节　黑龙江电视台创意产品发展格局

黑龙江卫视是中国创建最早的三座电视台之一。1958年12月20日试播，对外呼号"哈尔滨电台"；1959年12月20日，由试验播出转为正式播出；1978年8月1日正式呼号为"黑龙江卫视"；1981年9月28日实现彩色化播出；1993年6月28日第二套节目开播；1997年10月16日，第一套节目通过亚洲2号卫星传输，覆盖中国全境及亚太50多个国家和地区；1999年6月28日，第一套节目实现24小时全天播出；2001年3月5日，经过重新整合改版后，推出六个专业频道，实现了频道专业化。

传播技术与传媒理念的不断演变，使我们所处的传媒时代日渐步入了以数字媒体、网络媒体和移动媒体等为代表的新媒体时代。新媒体除了具有报纸、电视、电台等传统媒体的功能，还具有交互、即时、延展和融合的特征，这四大特征也恰是新媒体相对传统媒体的比较优势。新媒体突破了时间和空间限制，在数字化后，可以实现多样的、强大的传输方式和日益低廉的储存成本的有益结合。新媒体将所有媒体形式内容整合在数字化的环境中（储存、播放、传输），体现了极大的融合性。相对于传统电视产业，新媒体使得传播途径从室内走向室外，电视受众从大众走向分众。

传统媒体，特别是以视频、音频传输为手段的电视，面对新媒体的冲击应该如何应对，成为业界讨论的热点。新媒体在传输信息资讯方面有传统电视所不具备的优势，与此同时，电视收视市场"份额竞争"驱使下的蚕食与攻守，使不同类别的节目、不同级别的频道在博弈与磨合中围绕相对的"定额"波动。

新媒体的"新"字首先表现在传播途径上，我们可以看到，无论是手机电视、楼宇电视还是IPTV等的传播途径无不体现着与传统电视的巨大差异。传统电视产业一直保持着电视台—家庭电视接收机这种两点式的直接传播方式，在全国两千多家电视台的瓜分下，在有限的传统注意力资源面前，无异于挤独木桥；而新媒体则充分运用了分众传播，汇聚了受众零散的收视时间，并进一步争夺传统电视的收视市场。

在多媒体共存、发展的时期，受众的注意力是相对有限的资源，份额竞争导致新兴的媒体对传统电视媒体收视的分流。另外，新媒体的崛起并非意味着传统电视的终结，事实上，从国外电视媒体的发展经验中可以了解到，传统电视有其他新媒体传播所无法企及的优势，如媒体资源的深度挖掘、现场感、原创性，以及传统电视多年积累起来的报道经验和在受众中的信誉度，这些核心竞争力是新媒体所不具备的。传播渠道的多样化增加了社会监督与社会控制的困难，新的媒介使拥有多维属性的受众享有了更多的选择空间、可能性与自由度，数字技术对社会和受众的碎片化影响越来越明显，这种影响甚至被认为是超越碎片化的不可预期的未来。与此同时，转型时期的社会特点又将另一重"碎片化"施加于作为"社会人"的观众。

在社会学及其与文化研究的交叉视野中，可以较宏观地把握转型期社会出现碎片化的深层原因。当社会处在由传统社会向现代社会转型的过渡期时，社会呈现的基本特征就是"碎片化"，具体表现为传统的社会关系、市场结构及社会观念整一性的瓦解、社会态度的利益化和个化发展导致的意识形态碎片化。碎片化分割形成了离散的利益群体和差异化的文化群落，它们各自拥有不同于传统社会的价值观、信用体系及消费结构与模式。社会领域的"碎片化"，首先是阶层的"碎片化"，传统的阶级或阶层分化成许多社会地位和利益要求各不相同的小群体，而且并未显示出重新集聚为几个大阶级或阶层的迹象。中国正处在社会转型过程中，传统的二元社会结构受到冲击，新的社会阶层在结构尚不稳定、边界尚不清晰的特征中逐渐形成。电视观众置身其中，群体分化乃至碎片化趋势无可避免。

理解电视观众的碎片化不是认识的终点，而是要找到聚合的起点。整体性社会的解构形成了许多受传者群落的"碎片"，在此情境下，有效传播的一个基本前提就是了解碎片化的群体特征，以及单一消费者的个性和心理需求，这种洞察的意义在于从"分众"的景观背后重新实现"聚众"的可能，亦即从面目模糊的社会大众中，细分出相对清晰的个性化小群落，发现其共同的价值信念、文化偏好与生活模式，然后以某种传播手段和内容平台将之聚合到一起。

理解与重视受众"碎片化"现实的真正意义在于，启发我们如何将这些碎片重新归聚起来。先细分，再归聚，这样我们拥有的将是特征明确的目标传播对象群体，从而以最小的传播代价获取最大化的传播效果，将浪费掉的传播资源的传播效能重新寻找回来。对于电视来讲，越过了渠道竞争之后，最终仍是要通过传播内容来聚合碎片化的观众，而聚合的根本在于，如何通过节目中承载的某类群体的认同来吸引存在于细分市场的忠实观众。

通过分析电视媒体在新形势下所面对的挑战，本小节结合现实调查数据，分析黑龙江电视台如何在新竞争格局下提升自身的竞争力。在连续几年的观众收视争夺中，省级卫视2009年上半年继续扩大战果，增长幅度不减，市场份额超过25%，省级非上星频道和城市台频道虽然没有回到 2007 年以前的市场份额水平，但是相比 2008 年同期已略有回升，中央级频道的市场份额损失明显（见图 6-1）。

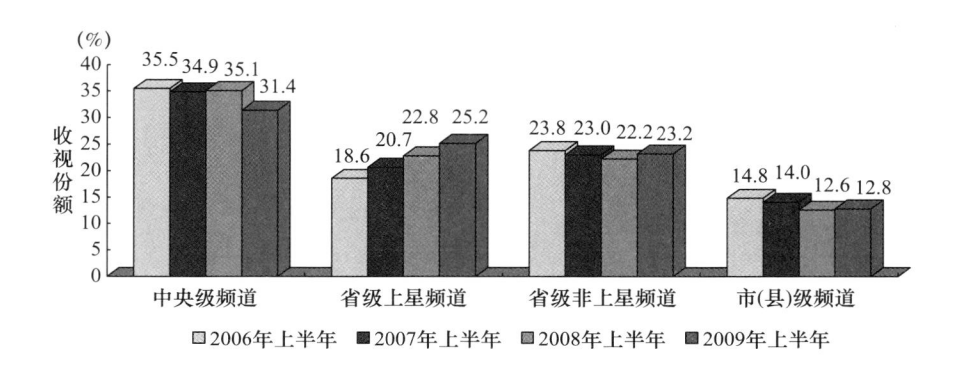

图 6-1 各级频道组收视份额（所有参与调查的 35 个中心城市）

频道	2006年上半年	2007年上半年	2008年上半年	2009年上半年
中央级频道	35.5	34.9	35.1	31.4
省级上星频道	18.6	20.7	22.8	25.2
省级非上星频道	23.8	23.0	22.2	23.2
市(县)级频道	14.8	14.0	12.6	12.8

资料来源：CSM 媒介研究所：《黑龙江电视台媒体竞争与发展研究报告》，2009 年。

2009 年上半年，省级卫视晚间竞争力的提升主要源自第一阵营的卫视频道获取到了更大的市场份额，收视领先的省级卫视频道继续领跑，带动省级卫视整体竞争力提升。省级卫视收视取得较大增长的时段是 20：00—22：00，综艺节目在各年龄观众中的收视率普遍获得翻倍增长，电视剧和专题节目在电视重度观众——老年观众中的收看时间增长。省级地面频道收视上升的时间段是 19：00—20：30，观众收看新闻节目时间略有加长。城市台竞争力两极分化加剧，竞争力强的城市台多来自地域文化特点鲜明或本地经济发展水平较高的地区，2007 年上半年城市台份额最高的 20 个城市的平均份额是 39%，而 2009年上半年城市台份额最高的 20 个城市的平均份额达到 42%，相反，2007年上半年城市台份额最低的20个城市的平均份额是6.3%，而2009年上半年城市台份额最低的20个城市的平均份额只有3.1%（见图6-2）。

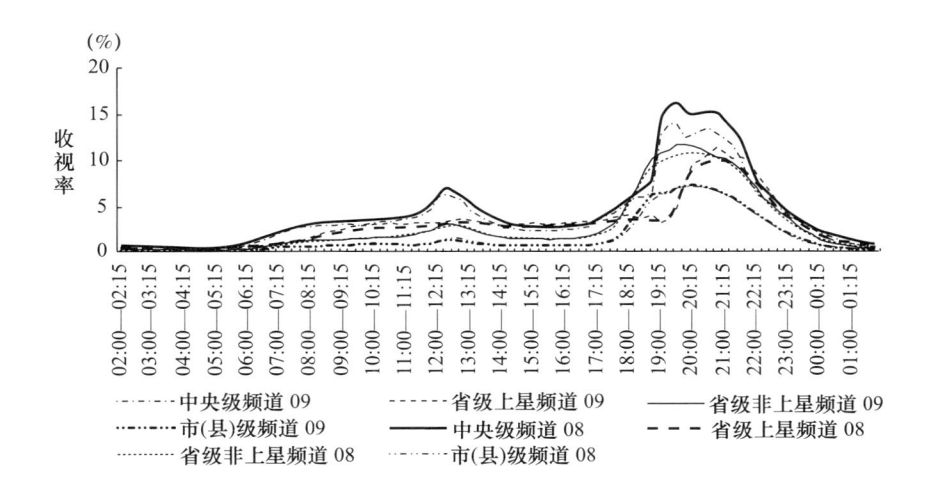

图6-2 不同频道组全天各时间段收视变化

（所有参与调查的35个中心城市）

资料来源：CSM媒介研究所：《黑龙江电视台媒体竞争与发展研究报告》，2009年。

在CSM媒介研究所2009年细分的30多类电视剧题材中，近年来电视台播出最多的始终是社会伦理、都市生活、言情、近代传奇这四大类。从收视效果看，热播题材的收视率通常较高，形成了"热播—热视"的良性循环。老百姓收看最多的地面频道的剧是社会伦理剧，其余依次是近代传奇剧、都市生活剧和反特/谍战剧等；而收看最多卫视频道的剧依次为言情剧、当代主旋律剧、反特/谍战剧、近代传奇剧等（见表6-9）。

表6-9　　2009年上半年卫视和地面频道主要题材的播出比重和收视率较高的题材（18：00—24：00）

地面频道				卫视频道			
题材	播出比重（%）	题材	进入收视前20次数	题材	播出比重（%）	题材	进入收视前50次数
社会伦理	14.8	社会伦理	389	都市生活	11.1	言情	14
都市生活	11.9	近代传奇	210	社会伦理	10.5	当代主旋律	3
言情	10.4	都市生活	167	近代传奇	9.2	反特/谍战	3
近代传奇	10.3	反特/谍战	157	军事斗争	8.1	近代传奇	3
反特/谍战	8.3	言情	147	言情	7.7	军事斗争	3
警匪	5.9	警匪	78	反特/谍战	7.1	农村	3
悬疑	4.0	军事斗争	61	农村	4.9	青春	3
军事斗争	3.4	奋斗励志	59	军旅生活	4.5	商战	3
军旅生活	3.4	神怪玄幻	45	武侠	3.8	都市生活	2
奋斗励志	3.2	武侠	33	神怪玄幻	2.9	重大革命	2

资料来源：CSM媒介研究所：《黑龙江电视台媒体竞争与发展研究报告》，2009年。

2009年上半年晚间时段，省级卫视共不重复播出648部电视剧，其中农村剧《暖春》被14个卫视频道播出，其次是红遍大江南北的谍战题材剧《潜伏》，在10家卫视播出，而老剧《西游记》也在9家卫视播出，此外，《胭脂雪》《中国兄弟连》《我的丑娘》在9家卫视播出，《夜奔》《小鱼儿与花无缺》《红日》《杀虎口》《我的团长我的团》也在8个频道播出。从收视上看，央视播出的电视剧依然"称霸武林"，开年大戏《走西口》排名第一，王宝强、张国强"两强联合"的《我的兄弟叫顺溜》屈居亚军，以独特风格开创了军事题材的另一片天地，而《我的青春谁做主》则凭借青春、时尚和品质闯进前三甲（见表6-10）。

表 6–10　　2009 年上半年卫视频道播出频道数较多和收视率较高的电视剧（18：00—24：00）

电视剧名称	播出频道数	题材	电视剧名称	播出频道	平均收视率（%）	题材
《暖春》	14	农村	《走西口》	CCTV–1	6.06	近代传奇
《潜伏》	10	反特/谍战	《我的兄弟叫顺溜》	CCTV–1	5.00	军事斗争
《西游记》	9	神怪玄幻	《我的青春谁做主》	CCTV–1	3.26	青春
《胭脂雪》	9	言情	《保卫延安》	CCTV–1	3.24	重大革命
《中国兄弟连》	9	军事斗争	《叶挺将军》	CCTV–1	2.97	重大革命
《我的丑娘》	9	社会伦理	《清凌凌的水蓝莹莹的天》（第二部）	CCTV–1	2.94	农村
《夜奔》	8	警匪	《人间正道是沧桑》	CCTV–8	2.84	军事斗争
《小鱼儿与花无缺》	8	武侠	《喜耕田的故事》（第二部）	CCTV–1	2.06	农村
《红日》	8	军事斗争	《四世同堂》	CCTV–1	2.00	近代传奇
《杀虎口》	8	地下斗争	《誓言永恒》	CCTV–1	1.98	反特/谍战
《我的团长我的团》	8	军事斗争	《传闻中的七公主》	湖南卫视	1.94	都市生活

资料来源：CSM 媒介研究所：《黑龙江电视台媒体竞争与发展研究报告》，2009 年。

2009 年上半年晚间时段（18：00—24：00），地面频道共不重复播出 2079 部新老电视剧。《潜伏》被 107 个地面频道，在 73 个地区播出，在 20 个城市进入当地收视前 10 名；改编自张恨水的同名作品《纸醉金迷》在 64 个频道和地区播出，在 23 个城市进入当地收视前 10 名；而苦情剧《我的丑娘》《奶娘》也都备受老百姓青睐，分别在 40 多个频道以及 40 多个地区播出，在超过 15 个城市跻身当地收视前 10 名；此外，《错爱》（第二部）、《情之债》、《王贵与安娜》等剧也被大面积播出（见表 6–11）。

表 6-11　2009 年上半年地面频道播出频道数和收视率较高的电视剧（18：00—24：00）

电视剧名称	播出频道数	电视剧名称	播出地区数	电视剧名称	进入收视前10的城市数	播出频道数	播出地区数
《潜伏》	107	《潜伏》	73	《纸醉金迷》	23	64	64
《纸醉金迷》	64	《纸醉金迷》	64	《奶娘》	22	45	48
《我的丑娘》	50	《善良背后》	60	《潜伏》	20	107	73
《生死谍恋》	49	《家有儿女新传》	59	《错爱》（第二部）	19	47	46
《错爱》（第二部）	47	《天下兄弟》	57	《宁为女人》	16	45	39
《血色迷雾》	46	《王贵与安娜》	57	《我的丑娘》	16	50	44
《柳叶刀》	46	《柳叶刀》	57	《我是一棵小草》	15	40	57
《奶娘》	45	《我是一棵小草》	57	《情之债》	14	45	51
《宁为女人》	45	《母仪天下》	55	《王贵与安娜》	13	40	57
《情之债》	45	《秘密列车》	55	《妈妈为我嫁》	12	27	44

资料来源：CSM 媒介研究所：《黑龙江电视台媒体竞争与发展研究报告》，2009 年。

在节目发展过程中，创新是一贯的主题，无论是打造新节目还是革新现有节目，节目高潮往往以创新为前导，反映在节目播出和收视市场，省级卫视和地面节目创新、节目调整和收视变化呈现阶段性和周期性，当节目创新取得成绩之后，同样会面临内外部逐渐增大的发展压力。

近年来，省级卫视在提高覆盖率、扩大渠道渗透、加大电视剧竞争力度的同时，更注重品牌节目的打造。2009 年上半年，省级卫视在综艺娱乐节目及专题节目等领域发力，由节目策动收视，连续多周跻身 35 个城市省级卫视节目收视排行前 30 位的非电视剧节目中，综艺和故事类专题节目成为主导。每周都进入前 30 位的节目主要是湖南卫视、浙江卫视和江苏卫视的综艺娱乐节目和专题节目，辽宁卫视和浙江卫视的新综艺节目，天津卫视和江西卫视的综艺或专题节目也屡有现身。

创意的传播渠道是影响创意扩散的重要因素，依目前手段来看，任何一种创意传播渠道都不可能完全通畅而无遗漏地将创意传播到最大反应群体中，从而达到理想传播效果。因此，借鉴物理学理论，在创意扩散的共振理论模型中，利用阻滞效应来描述创意传播渠道的影响，即引入阻滞系数 β 来表示不同创意传播渠道对创意扩散的负向影响作用，进而对该创意传播渠道进行评估。

在中国电视媒体的发展中，地面频道的地位几经起落，时至今日，在中央台与省级卫视夹击、自身信号覆盖受限、内容资源相对短缺的多重压力下，地面频道依然不得不在相对固定、有限的市场范围内，承受更为激烈、更为直接的竞争。情势所迫，为争取本地观众、争取足够的市场空间，省、市两级地面频道纷纷开始寻求突破，探索创新。根据中国广视索福瑞媒介研究（CSM）提供的数据，对全国省、市两级共 360 个地面频道进行持续跟踪、统计，调查 2009 年 3 月 1 日至 6 月 20 日晚间 18：00—24：00 的新节目共 603 个，涉及新闻、综艺、法制、专题、体育、青少、财经、生活服务等几乎所有的节目类别。通过分析节目的类别和总播出时长可以发现，地面频道新节目中最活跃的类型是综艺节目和专题节目，在所有新节目的总播出量中，这两类节目占了 60% 以上。放下身段，扎根本土，回归民众，融入生活，以创新带动节目收视，成为近期新节目的共同特征。

第四节　黑龙江电视台创意扩散领域的发展建议

一　黑龙江电视台媒体竞争力分析

电视媒体之间的竞争主要围绕渠道竞争力、内容竞争力、收视竞争力、广告竞争力和品牌竞争力五方面展开，渠道竞争力和内容竞争力是基础，收视竞争力和广告竞争力是主要市场表现，品牌竞争力则主要体现为媒体可持续发展能力，事关未来格局。黑龙江电视台各频道的品牌竞争力已在第四章第五节和本章第二节进行了计算和分析，本节将基于以上分析，结合其他领域的竞争力理论，对黑龙江电视台媒体竞争力进行综合性研究（见表6-12）。

黑龙江卫视的优势在于本省覆盖好，收视竞争力强。机会是在省外有很大的向上发展空间，如覆盖率提升空间较大、新闻节目制作能力强、观众口碑好、举办大型活动的能力强、与大品牌广告商合作机会多等。但是，作为一个面向全国的上星频道，黑龙江卫视的覆盖不均衡是其发展的软肋，特别是对于东北地区的覆盖，此外节目内容过分依赖电视剧、广告，品类单一，再加上近年来辽宁卫视的强势崛起，对黑龙江卫视的发展都造成了不小的阻碍（见表6-13）。

黑龙江电视台地面频道已经稳居省、市级收视市场领导者地位，部分频道和栏目已经树立了良好的品牌形象。但是近年

表 6-12　　　　　　　　　黑龙江卫视五力联动情况

	优势	劣势
渠道竞争力	在过去 5 年，黑龙江卫视在 35 个中心城市的覆盖率总体增量 20%，增幅 37% 黑龙江卫视在华北、西北的覆盖好 黑龙江卫视在本省覆盖率达到 94%；在哈尔滨覆盖率列省、市级频道第一	黑龙江卫视在 35 个城市的覆盖率为 66.1%，低于省级卫视在 35 城的平均覆盖率 66.75%，列第 19 位，处于中等偏下水平 黑龙江在东北地区的覆盖率只有 66.96%，原因主要是在辽宁省的覆盖不足
内容竞争力	黑龙江卫视在 35 个中心城市的资源使用效率高的节目是电视剧和综艺两类	黑龙江卫视与所有省级卫视相比，生活服务类和专题类节目比重偏低；在收视上，专题类与所有省级卫视相比差距较大，青少节目也是收视上的一个欠缺
收视竞争力	黑龙江卫视在黑龙江省和哈尔滨市收视市场具有一定优势	黑龙江卫视在全国省级卫视的收视竞争中处于中等水平，而且 2009 年在 35 个中心城市的收视率和市场份额均出现下滑
广告竞争力	黑龙江卫视在全国市场上的广告投放时长并不算多，居平均水平，广告定价合理	黑龙江卫视本地品牌投放多，国际大品牌客户少，广告投放效率低，广告收视率也只有节目收视率的一半
品牌竞争力	黑龙江卫视在全国市场和中心城市的满意度都比较高 黑龙江卫视在全国范围内的品牌建设和品牌识别方面都处于较高的水平 举办大型活动的能力强，这点为其带来了品牌知名度	黑龙江卫视播出的品牌节目少，虽然电视剧收视不错，但并不能给其带来品牌效应

表 6-13　　黑龙江卫视媒体竞争力分析

优势	劣势
黑龙江市场、哈尔滨市场、北方市场的覆盖优势明显 电视剧资源在 35 个中心城市、黑龙江使用较好；综艺、新闻/时事和生活服务类节目在省级市场更受欢迎 黑龙江市场、哈尔滨市场收视表现强势 全国市场上的广告投放时间居平均水平，广告定价合理 全国市场满意度较高，频道品牌知名度高	35 个中心城市、东北市场、辽宁市场覆盖欠佳 过分依赖电视剧，品牌自办节目少 35 个中心城市收视出现下滑 国际化广告客户少，广告投放效率低 品牌满意度受节目自制能力、广告投放的负面影响
机会	威胁
覆盖可提升空间大 加强自制节目能力，可利用中午和晚间时段提升收视 利用地面频道做节目孵化器，获得优秀节目机会大 观众口碑较好，与大品牌广告商合作潜力大	其他强势省级上星频道，如湖南、江苏、浙江、安徽、北京等卫视的崛起 原来与黑龙江卫视实力相近的辽宁卫视 政策的约束，如广电 17 号令、对广告播出的限制等

来，有些频道竞争力在减弱、药品广告过量和广告编排差等问题，都影响着黑龙江电视台整体收视和品牌形象的提升。与此同时，哈尔滨电视台影视频道和新闻综合频道的实力逐渐增强，是黑龙江电视台地面频道不可回避的重要竞争对手。面对自身不足和外界威胁，发挥地面频道地区贴近性优势，加强频道间资源合理配置和相应的编排配合，改善广告投放环境，将良好的收视资源合力转化为经济效益，是黑龙江电视台可持续发展的必由之路（见表 6-14 和表 6-15）。

黑龙江卫视广告投放量居省级卫视第 12 位。根据 CTR 2009 年前 8 个月省级卫视广告监播数据（30 个省级卫视，不包括西藏卫视），播出时间最长的是甘肃卫视、贵州卫视和河北卫视，黑龙江卫视排第 12 位，而吉林卫视和辽宁卫视广告播出时间都要少于黑龙江卫视。按刊例价计算，投放额最大的是福建东南台、湖南卫视和江苏卫视，黑龙江卫视排第 4 位。

表 6-14　　　　黑龙江电视台地面频道媒体竞争力分析

优势	劣势
在黑龙江市场、哈尔滨市场的覆盖和收视都具有一定优势 主办频道节目资源使用效率高 都市频道新闻节目影响力大	频道间资源争夺严重，编排上没有配合 大多频道白天时段都依靠电视剧，内耗严重 知名栏目少，节目自制能力差 广告时间过长，药企广告过多
机会	威胁
贴近本地市场 加强频道间配合	哈尔滨电视台竞争力不俗 中央台以及强势省级卫视的竞争 政策的约束，如广电 17 号令、对广告播出的限制等

黑龙江卫视广告投放最多的品类是个人用品、药品、食品。2008 年省级卫视的广告投放中，个人用品、药品和食品三个行业的广告投放时间最长。黑龙江卫视投放时间最多的五个行业是个人用品、药品、食品、商业及服务性行业和金融业；辽宁卫视除了以上几类，化妆品/浴室用品投放时长排在第 2 位；吉林卫视播出时长排在前三位的行业和黑龙江卫视一样；湖南卫视和江苏卫视广告播放最多的是化妆品/浴室用品。

黑龙江卫视广告投放最多的品牌多是本土品牌。2009 年前 8 个月黑龙江卫视广告投放时长最多的前 10 位品牌主要来自药品、个人用品、食品、化妆品/浴室用品行业、衣着行业、农业，

表6-15　黑龙江电视台七大频道存在的问题

	渠道竞争力	内容竞争力	收视竞争力	广告竞争力	品牌竞争力
黑龙江卫视	1. 在35个中心城市,覆盖率为66.1%,列第19位,低于省级卫视平均水平,在东北地区,覆盖点城市的覆盖率低 2. 在东北地区,覆盖率只有66.96%,居第5位,主要原因是对辽宁的覆盖率低	1. 全天电视剧播出量过大,超过全国省级卫视平均水平近18%,特别是晚间18:00—24:00,超过25% 2. 晚间18:00—24:00,生活服务和专题类节目播出量小,在收视上所占比重低 3. 白天6:00—18:00,综艺类、生活服务类、专题类、财经类播出量最低于省级卫视总体水平,青少节目在收视效果上与省级卫视的差距较大 4. 自办节目中新闻类节目播出量大,利用效率一般,而综艺类节目利用效率高	1. 在35个中心城市,全天收视有三大问题时段:一是早间7:15—8:00,二是午间11:50—12:20,三是傍晚18:00—19:45 2. 在黑龙江市场和哈尔滨市场的全天收视中,白天7:30—17:30收视竞争力弱	1. 广告投放的品牌多是本地产品,缺少大客户,特别是国际性大品牌 2. 广告投放效率低,排在省级卫视的第18位 3. 广告收视率只有节目收视率的一半	1. 在中心城市的满意度不如在全国市场 2. 品牌栏目少,有知名度的栏目只有5个,即《新闻夜航》《快乐星期五》《本山快乐营》《天舒工作室》《新闻联播》

第六章 基于创意扩散的黑龙江电视台节目的创新与发展

续表

	渠道竞争力	内容竞争力	收视竞争力	广告竞争力	品牌竞争力
影视频道	1. 影视频道覆盖好，都市、文艺、法制和公共四个频道处于同一覆盖水平，少儿频道覆盖低	除电视剧外的节目利用效率都很低	1. 在黑龙江省的收视明显低于哈尔滨市 2. 中午 11:45—12:15、下午 18:10—18:35 和晚间 22:35 之后的节目收视竞争力弱	晚间广告播出量大	没有一个品牌栏目
都市频道	2. 6个地面频道在覆盖层面没有很好的分工，哪几个频道主打省网，哪几个频道主打市网，这将严重影响6个频道间资源配置、频道间合和收视考评	1. 白天电视剧使用效率低 2. 三档自办综艺节目资源使用，效率低	1. 白天 8:00—12:00 和 13:00—18:00 的电视剧时段，无论是在黑龙江市场还是在哈尔滨市场，竞争力都弱 2. 晚上 20:30 降视视下降明显	无	无
文艺频道		1. 电影播出量大，受政策影响大 2. 自办节目少，资源使用效率低	1. 下午时段 16:30—17:00 收视竞争力弱 2. 晚间 19:00 之后的黄金时段收视率波动大，特别是 19:15—20:30 时段竞争力弱	1. 外包后广告投放量大，特别是白天，药品广告多 2. 广告传播效率低	品牌栏目只有两个，有知名度的栏目《情书》和《娱乐现场》都是外购节目

续表

	渠道竞争力	内容竞争力	收视竞争力	广告竞争力	品牌竞争力
法制频道	1. 影视频道覆盖好，都市、文艺、法制和公共四个频道处于同一覆盖水平，少儿频道覆盖低 2. 6个地面频道在覆盖层面没有很好的分工，哪几个频道主打省网，哪几个频道主打市网，这将严重影响6个频道同资源配置，频道间配合和收视考评	1. 节目配置与频道定位不符，播出的电视剧占六成，法制节目只占15% 2. 自办节目不少，但自资源使用效率参差不齐	1. 中午11:30—12:30收视竞争力弱 2. 晚间18:30之后的黄金时段收视率波动大	1. 外包片后，广告播放量大，药品广告多 2. 广告传播效率低 3. 广告对节目视影响巨大，广告收视率只有节目收视率39%	品牌栏目少，有知名度的栏目只有两个，即《法治在线》和《说案》
公共频道		1. 节目配置过于宽泛，播出节目类型在几个频道中最多 2. 白天电视剧播出量大，使用效率低	傍晚时段（18:00—19:00）收视竞争力弱	无	1. 在6个地面频道中的品牌影响力较低，居倒数第二位 2. 有知名度的栏目有5个，即《刘老根大舞台》《乡村戏苑》《乱炖二人转》《欢乐时光》《二人转大观园》，但多与二人转有关
少儿频道	合办收视考评	大量的电视购物节目对少儿频道影响极大	电视购物时段的收视率和份额几乎都是零	合办电视购物，广告传播价值低，广告播效率低	1. 在6个地面频道中的品牌影响力最低 2. 品牌栏目少，有知名度的栏目只有《知识糖》一个

相对而言，本地的广告品牌较多，国内知名品牌少，特别是缺少国际性大品牌，而辽宁卫视播出量最大的是高露洁，吉林卫视广告投放品牌与黑龙江卫视相近，多是本土品牌。

黑龙江卫视广告定价合理。理论上讲，广告收入的多寡和其广告传播价值高低成正比，因此对电视广告传播价值的判定十分重要和必要。价格反映价值并围绕价值上下波动，广告传播价值是广告定价的基础。基于电视观众规模和目标观众结构特点来测定其广告传播价值，然后和广告定价及经营相联系，取得合理的优化的广告市场回报。分析电视广告传播价值既要从收视的角度分析观众之于广告的"注意力价值"，也要从消费的角度分析观众之于广告的"消费力价值"。注意力价值通过到达率和忠实度（二者相乘即收视率）来体现，分别称作观众规模价值和观众忠实价值；消费力价值则可以通过节目所锁定目标观众的收入水平来间接测量，因为按经济学的解释，消费是收入的显性函数。基于此，我们把节目广告传播价值定义为注意力价值和消费力价值的乘积，即：

广告传播总价值 = 到达率 × 忠实度 × 目标观众人均收入

经过计算，最具广告传播价值的省级卫视是湖南卫视、浙江卫视、江苏卫视和北京卫视，而黑龙江卫视排第14位，辽宁卫视排第6位，吉林卫视排第17位。

结合广告定价，可以构造广告传播价值与价格的对照分析模型，具体见图6-3。市场运行的一般规律是价格围绕价值波动并收敛于价值，所以可以以市场平均值为基准，通过广告价值与价格的对照来进行不同节目广告定价的策略评估。在模型中，落入第Ⅰ、第Ⅲ象限者被称为"适价"，意思是价格和价值相符,是市场均衡定价;落入第Ⅱ象限者被称为"调低定价",意思是价格高于价值,需要调低定价;落入第Ⅳ象限者被称为"调高定价",意思是价格低于价值,可以调高定价。

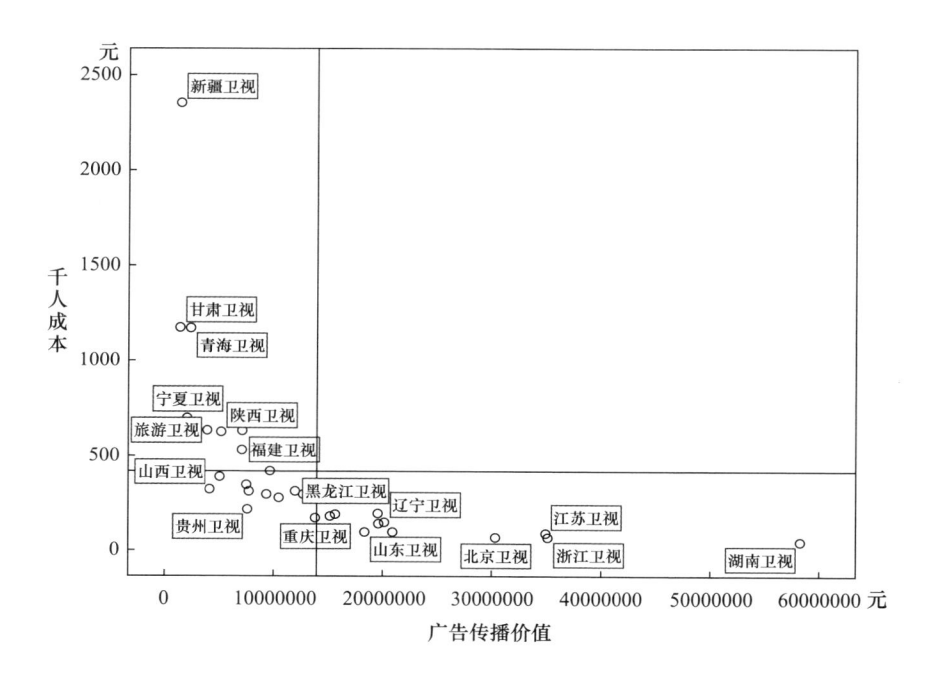

图 6-3　各省份卫视广告传播价值与广告价格分布示意

黑龙江电视台地面频道广告投放时间长而投放额低。2009年前8个月,黑龙江电视台六个地面频道广告播出时间按由多到少排序依次是法制频道、影视频道、文艺频道、公共频道、都市频道和少儿频道。哈尔滨电视台四个频道(不包括哈尔滨电视台都市资讯频道)广告播出时间最长的是哈尔滨台娱乐频道,其余三个频道广告播出时长明显少于黑龙江电视台地面频道。而按投放额来计算,黑龙江电视台影视频道的投放额是各频道中最多的,然后是哈尔滨电视台的三个频道,即新闻综合、影视和娱乐频道。如果不考虑折扣因素,可以明显看出,黑龙江电视台地面频道广告量大,广告单价低(见表6-16)。

表6-16　黑龙江电视台地面频道和哈尔滨电视台广告播出时长和投放额(2009年1月1日至8月31日)

排名	频道名称	时长(秒)	排名	频道名称	投放额(元)
1	哈尔滨电视台娱乐频道	6444037	1	黑龙江电视台影视频道	2065993394
2	黑龙江电视台法制频道	5934662	2	哈尔滨电视台新闻综合频道	1264242864
3	黑龙江电视台影视频道	4136956	3	哈尔滨电视台影视频道	951540081
4	黑龙江电视台文艺频道	4119775	4	哈尔滨电视台娱乐频道	938649831
5	黑龙江电视台公共频道	3728024	5	黑龙江电视台都市频道	842703133
6	黑龙江电视台都市频道	3645138	6	黑龙江电视台法制频道	839572788
7	黑龙江电视台少儿频道	2539381	7	黑龙江电视台文艺频道	549766807
8	哈尔滨电视台新闻综合频道	1969380	8	黑龙江电视台公共频道	309448217
9	哈尔滨电视台影视频道	1636216	9	哈尔滨电视台生活频道	213779685
10	哈尔滨电视台生活频道	666384	10	黑龙江电视台少儿频道	58031359

资料来源:CSM媒介研究所:《黑龙江电视台媒体竞争与发展研究报告》,2009年。

黑龙江电视台六个地面频道播出的品类最多的是药品,除此之外,还有食品、商业及服务性行业、个人用品,而公共频道的烟草广告和少儿频道的通信类广告投放量也较大。哈尔滨电视台四个地面频道播出量最大的广告品类与黑龙江电视台有一定区别,主要广告类型中虽然也有药品,但并不占第一位,排名最靠前的品类是化妆品/浴室用品、商业及服务性行业。

黑龙江电视台地面频道广告投放效率最高的是公共频道。通过比较媒体投资比重（SOS）和媒体占有比重（SOV）的关系，两个电视台地面频道广告投放效率指数为正值的有5个频道，其中，有3个属于黑龙江电视台，2个属于哈尔滨电视台，依次是黑龙江电视台公共频道、哈尔滨电视台影视频道、哈尔滨电视台新闻综合频道、黑龙江电视台影视频道和黑龙江电视台都市频道（见表6-17）。

表6-17　　黑龙江电视台地面频道与哈尔滨电视台的千人成本和广告传播价值　　单位：元

排名	频道	千人成本	广告传播总价值
1	黑龙江电视台影视频道	241	2871768
2	哈尔滨电视台新闻综合频道	207	2622598
3	黑龙江电视台都市频道	254	1944362
4	哈尔滨电视台影视频道	196	1931893
5	黑龙江电视台公共频道	124	1479099
6	黑龙江电视台文艺频道	410	1306151
7	黑龙江电视台法制频道	535	1093261
8	哈尔滨电视台娱乐频道	997	924892
9	哈尔滨电视台生活频道	2320	362843
10	黑龙江电视台少儿频道	396	327220

资料来源：CSM媒介研究所：《黑龙江电视台媒体竞争与发展研究报告》，2009年。

经过计算，最具广告传播价值的地面频道是黑龙江电视台影视频道、哈尔滨电视台新闻综合频道、黑龙江电视台都市频道和哈尔滨电视台影视频道。黑龙江电视台影视频道和都市频道还有一定的提价空间，其他几个频道可以保持不变；哈尔滨电视台新闻综合频道和影视频道有提价空间，而其生活服务频道应该适当降价。

黑龙江电视台地面频道的广告收视率是节目收视率的一半。节目收视率不等同于广告收视率，但两者密切相关。哈尔滨地区主要地面频道节目的平均收视率是0.62%，广告收视率是0.30%，广告收视率数值不到节目收视率的一半。黑龙江电视台都市频道和公共频道的广告收视率与节目收视率的比值较高，说明其节目收视率和广告收视率的差异较小，而法制频道和文艺频道两者差异较大（见表6-18）。

表6-18　黑龙江电视台地面频道与哈尔滨电视台的节目收视率和广告收视率

排名	频道	节目收视率（%）	广告收视率（%）	广告收视率/节目收视率
1	黑龙江电视台都市频道	0.77	0.56	0.73
2	黑龙江电视台公共频道	0.58	0.36	0.62
3	黑龙江电视台少儿频道	0.18	0.11	0.58
4	黑龙江电视台影视频道	1.36	0.69	0.51
5	黑龙江电视台文艺频道	0.54	0.27	0.50
6	哈尔滨电视台新闻综合频道	1.24	0.54	0.44
7	哈尔滨电视台影视频道	0.87	0.37	0.42
8	黑龙江电视台法制频道	0.49	0.19	0.39
9	哈尔滨电视台娱乐频道	0.38	0.13	0.34
10	哈尔滨电视台生活频道	0.14	0.04	0.29
	10个频道平均	0.62	0.30	0.49

资料来源：CSM媒介研究所：《黑龙江电视台媒体竞争与发展研究报告》，2009年。

广告不仅是电视台最主要的经济基础，其经营状况的好坏对于电视台的经营与发展也具有十分重要的意义。在全国35个中心城市中，黑龙江卫视广告投放量排在省级卫视的第12位，广告定价合理，投放最多的品类是个人用品、药品、食品，投放的品牌多是本地产品，缺少大客户特别是国际性大品牌，广告投放效率较低，排在省级卫视的第18位，广告收视率也只有节目收视率的一半。

黑龙江电视台地面频道的广告投放时长要明显多于哈尔滨电视台，而投放的品类以药品广告量最大，虽然哈尔滨电视台也有很多的药品广告，但排名最靠前的品类是化妆品/浴室用品、商业及服务性行业。黑龙江电视台地面频道中最具广告传播价值的是影视频道和都市频道，广告利用效率最好的是公共频道，广告收视率和节目收视率相差最小的是都市频道和公共频道。

二 黑龙江电视台创意产品发展建议

根据创意扩散的共振模型与自由碰撞统计模型的分析结果，黑龙江电视台在数十年的发展中积累了区域优势，但在卫视频道全国化竞争与新媒体逐渐扩张的市场环境下，发展压力渐增。针对2009年9月的台内访谈及黑龙江电视台在2009年1—8月的覆盖及收视率现状，建议如下。

（一）关注媒体竞争环境变化，积极应对新媒体对相同或相似创意在扩散领域的影响

电视媒体虽然保持着媒体竞争中的霸主地位，但其依靠传播优势而形成的相对垄断性正经受着新的传播技术与以网络为代表的新媒体的挑战。如今的电视竞争已不能忽视整体竞争环境的改变，外部环境的变化促使传统的电视观众日渐碎片化，

这是新媒体环境引致的直接结果。从长远着眼，网络、IPTV、手机电视等更具个人选择性的新媒体对电视的冲击将日益深化，并导致相同创意产品在扩散领域的分流。

鉴于内容分享与媒体融合是媒体未来的发展趋势，建议可考虑基于自有网站渠道的资源，尝试跨媒体的渠道资源整合和内容分享，使现有的传播渠道与内容资源实现效能与效益的最大化。另外，针对网络等新媒体对电视广告的分流，可考虑扩大经营内容，开展以电视平台及内容为核心的多元化经营，有步骤、有计划地降低广告在全台经营收入中的比重，以减少外部经营环境变化可能带来的经营波动，保证全台可持续发展的资金支持。

（二）"全台一盘棋"，频道间形成战略性市场与资源布局，创造综合性的创意扩散环境，避免创意产品在扩散中发生内部干涉

电视台是在一个开放的市场中与各级、各类媒体进行竞争，在此意义上，频道虽然具有相对独立性，创意产品存在部分的内部干涉效应，但相对于外部竞争来说，电视台是"全台一盘棋"，需要通过完善自身的防御工事、资源调配来抵挡外部的市场竞争压力。这些压力体现在：一是节目类型高度集中，节目资源过度开发。市场竞争促使频道的节目往往集中在极少数几个使用效率高的节目类型上，如电视剧、新闻、综艺等，其中，电视剧不仅是全国省级卫视竞争的焦点内容类型，而且是全国许多地方台竞争的热点节目。市场制胜的逻辑必然导致对某几类节目资源的过度开发，并使资源使用效率下降。二是观众分化，电视市场细分。同一个频道、同一类型的节目或者同一档

节目，要在 35 个中心城市、省级、市级电视市场同时获得高收视回报、高资源使用效率，难度极其之大。在黑龙江电视台的十几类节目中，包括电视剧在内，很难同时在 35 个中心城市、省级、市级市场获得较好的资源使用效率，就算是电视剧、综艺、新闻/时事等广受欢迎的宽众性节目，或偏重 35 个中心城市，或偏重省级市场，或偏重市级市场，在不同的市场也都表现各异，这是因为不同市场的观众在收视行为、偏好方面存在差别。鱼和熊掌不可兼得，同时兼顾若干个电视市场、参与不同层级的竞争必然困难重重，并将由于创意扩散方向的紊乱而导致干涉型内耗。

针对上述情况，建议在全台内部形成各频道的战略性市场与资源布局，将频道现有节目资源特点与市场优势结合，确立各频道的目标市场，分而治之，或着力省级市场，或聚焦哈尔滨市场，或根据既有节目优势或潜力形成各有侧重的市场组合，以此来优化内部的竞争能力组合及节目资源组合，在创意产品扩散的各个环节上综合性地促进。

（三）协调台内资源配置，配套相关制度与机制创新，维持创意产品的良性扩散

在明确了各频道的目标市场后，就相关资源配置，如节目资源等，在全台层面做出统筹安排。调整原有的省、市市场"2—8 组合"的考核标准，根据各频道的目标市场，配套节目评估与考核、栏目/人员激励机制。以省级市场为目标市场的频道，重点考核黑龙江市场的相关情况；以市级市场为目标的则重点考核其在哈尔滨市场的综合表现；有的频道如需兼顾省、市市场，则建议在频道内形成节目的市场布局，并根据其市场

组合特点进行考核与激励调整。总之，要根据现实情况细化相关规则，防止在考核评估上"一刀切"，给创意产品创造良好的扩散动力。

（四）扩大卫视频道在35城及东北三省的覆盖，提升地面频道创意产品在本地的扩散空间

频道覆盖作为传输渠道建设决定了频道的市场规模及收视提升潜力，直接扩展了创意产品的扩散空间。黑龙江卫视在35个中心城市的覆盖率低于平均水平（覆盖排第19位，收视排第14位），在东北三省的覆盖优势也未充分体现；虽然在本地的覆盖优势明显，但覆盖率仍有提高的空间。一是推进黑龙江卫视在35城落地，以匹配覆盖水平与收视水平，通过覆盖增容来扩大收视规模。在城市选择上，同时考虑其区域文化、收视回报、广告投放需求等因素。二是推进黑龙江卫视在东北三省，尤其是辽宁省的落地，以区域文化的趋同性达成在省级市场的规模增容。三是加强地面频道在本省、市电视市场的覆盖，在本地市场形成黑龙江电视台各频道覆盖的绝对优势，确保电视创意产品的稳定扩散空间。

（五）加强节目创新，培育卫视频道节目孵化机制，提升创意扩散的核心竞争力

近年来，省级卫视节目创新层出不穷，从节目类型到节目环节设计，从明星化到草根化。各种创新的经验显示，创新没有定然的法则，也不存在必然的成功。但是，对于创新的检验却有一条必不可少的标准，即观众的认可。而创新节目的孵化机制为支持、检验创新效果提供了一个与观众沟通的平台。在"全台一盘棋"的运营思路下，可考虑在地面频道建立孵化平

台。平台的建设可采用集中或分散的方式，即或指定某频道为上星节目的孵化器，或以创新节目的市场定位选择孵化频道。总之，要集全台之力进行节目创新，提升卫视频道的节目竞争力和创意扩散能力。

（六）在发展新闻节目的同时，大力加强对综艺、专题、生活服务类节目的研发和利用，强化创意产品与观众的共振程度，提高创意产品的质量和影响力

新闻节目容易给电视台带来品牌效应，但由于受到区域的局限性，做全国性或跨区域的新闻节目必将面临区域限制、资源不足、政策壁垒等宏观层面上的问题。黑龙江电视台虽然有以《新闻夜航》为代表的很好的新闻节目，在黑龙江市场和哈尔滨市场都有很好的收视效果与口碑，但是在黑龙江以外的地区的收视效果并不好，所以单靠新闻节目很难打开全国市场。在全国市场，省级卫视的两个收视法宝是电视剧和综艺节目，对于这两类节目，黑龙江卫视的资源使用效率都不错。除此之外，专题类节目、生活服务类节目和少儿节目是省级卫视或播出量较大或有很好收视效果的节目，但这些也是黑龙江电视台比较缺少竞争力的节目类型。

（七）提高电视剧的资源使用效率，积极开展观众调查，基于可共振人群创造独占性创意扩散资源

电视剧是电视市场中播出比重最大的节目类型。纵观这几年的变化，其资源使用效率已明显下降。但是，电视剧仍是市场中在短期内能快速扩大收视规模的工具。一是根据不同时段、不同市场的电视剧收视偏好，科学选剧、合理编排，提高电视剧的资源使用效率及投入产出比。二是开辟自制剧通道，培育

独占性资源及内容竞争力。

（八）优化广告环境，提高广告创意扩散效果

广告是电视媒体的生命线。一方面，我国电视广告经营面临着新媒体的竞争分流；另一方面，电视系统内部的价格战使广告经营陷入低水平的状态。品牌广告吸纳能力较弱，药品广告较多，播出时间过长，这既是全国电视广告经营的普遍现象，也是黑龙江电视台广告经营面临的困境。广告经营环境与能力的整体提升有赖于媒体竞争环境的整体改观，有赖于以电视节目为核心的广告播出平台的质量提升，同时，广告经营理念、策略等方面的更新与改进也必不可少；尤其广电总局以净化广告环境为目标的种种广告播出规定、限制与禁令的出台，更强化了电视媒体针对自身特点进行"内修"的紧迫性。一要尊重观众的收看与接受习惯，合理编排广告时长与内容。避免长时段的广告播出，以减少观众流失。节目内容是电视竞争的根本，以广告播出的量换取广告收入，不仅损害内容平台的品质，而且不利于广告的有效传播，长此以往必将陷入广告降低节目收视、节目收视影响广告段收视的恶性循环。二要针对广告内容特点与广告主需求，开发新的广告产品形式。节目内容与广告的有效结合一直是广告主的最终诉求，广告主对目标观众的重视即是有力的佐证。新的广告产品形式不仅包括对传统广告的改进与创新，还包括广告传播渠道的拓宽，如线下与线上广告合并传播，利用台内的多媒体平台（如电视台网站等）进行跨媒体广告整合营销等。

结　　论

创意扩散理论是一个相对较新的研究领域，中国目前对创意扩散的研究主要是以创新扩散理论为基础加以展开的，并且是直接嫁接国外的相关理论，没有联系到中国市场和企业的具体情况和领域。目前的研究成果对于创意扩散机理的深层次分析还很不完整，对每个具体因素是如何产生影响的研究还不够深入，各因素对创意扩散率的影响机理也没有阐释清楚。对于创意扩散模型的研究还少见于报道，创意扩散模型的建立缺乏理论基础和数据检验。

因此，本书主要梳理当前国内外在创意扩散理论研究方面的有效成果，并结合笔者所从事的电视媒体的相关数据，对创意扩散的机理进行模型研究并在电视媒体领域予以实际应用。通过对创意产业多年实践的分析和总结，充分挖掘出创意产业中影响创意扩散的各个主要因素，并进行归纳、分类和讨论，对各影响因素的作用机理进行深入探讨，并实现指标设定。本书具体实现了以下创新性的工作。

（1）从电视媒体创意产品扩散的视角，提出创意扩散抽象化机理研究的理论构架和研究范式，结合创意扩散的主要影响因素，对创意扩散进行了理论构建。根据电视媒体创意产品扩散的基本特征，给出了创意扩散相关概念的抽象定义，并进行了较为系统的范畴界定。这为其模型化研究奠定了理论基础。此外，还明确了创意扩散的主体、客体，创意扩散的目的和载体，创意扩散的路径和效应，以及描述创意扩散的理论层次。同时，进行了一系列关于创意扩散过程的基本假设。这些假设有助于创意扩散的抽象化研究，可以在本质上解释创意扩散过程中产生的若干现象，并从整体上把握创意扩散和创意产业的发展趋势，同时可以应用于后继的创意扩散模型化研究。在分析影响创意扩散的主要因素的基础上，建立了创意扩散研究的概念模型。

（2）建立了描述创意扩散微观作用机理的线性振动模型，揭示了创意接受过程的微观机理。结合已有的创新扩散模型，基于物理学共振理论，对创意扩散的核心问题和基本环节，创意主体产生的创意被创意接收者接受这一过程，进行模型分析，确定了创意扩散机理的共振关系。

（3）建立了创意扩散的自由碰撞统计模型，揭示了创意在系统内传播的宏观机理。实现了对创意在社会系统内传播过程总趋势的理论描述。具体创意产品的扩散可由具体的调查数据和经验数据代入其模拟算法流程获得并进一步指导实践，还进行了立足于黑龙江电视台实测数据的模拟仿真。比较完整地从理论计算上给出创意扩散的总趋势，创意产品在其扩散趋于稳定后出现衰减，在实际的创意产品开发的经济活动中，当其受体数量的衰减到达一定的具体数值时，该产品将停止盈利。根据该模型可以相应地大致确定创意产品的淘汰时机，适时地停止相关投入并考虑转型，这为创意产品开发企业节省了成本、创造了巨大的财富。因此，该模型对创意产业的发展具有重要的现实指导意义。

（4）立足于黑龙江电视台的实际统计数据，研究了电视媒体的品牌竞争力和资源使用效率。本书对黑龙江电视台多年来的创意扩散状况进行相关统计、调查，对模型结论进行了验证并提出实践操作性建议，这是有史以来针对黑龙江电视台进行的首次创意领域的研究。电视媒体对观众所产生的影响有很多方面，这导致了很多不确定的结果，对于节目的策划人来说，如果没有一个科学、精确的理论来判定一个节目创意、广告影响度等方面，是很难做出相关正确的决定的。本书在这方面提供了一个可以借鉴的研究案例，以期为同行业的其他工作者提供一个更好的平台。

创意扩散的线性振动模型和自由碰撞模型尚属微观和宏观机理的描述性概念模型，由于电视媒体的实际数据获取难度较大，今后可继续在实测数据的基础上进行修正和充实，尚有以下几方面的展望。

（1）采用数据调查分析的方法，对创意扩散机理的模型进行补充完善和验证，进而通过确立各影响因素和模型中主要参数的综合关系，将调查所得的数据结果代入模型中以对其进行修正。

（2）进一步了解并验证各影响因素与企业创意扩散效果之间的关系。

（3）通过回归分析来研究各主要影响因素与创意扩散间的统计关系，从而识别关键性影响因子并求得相应的影响系数。

有了充足数据的修正，就能极大提高模型的现实性，并在电视媒体的发展方面发挥更大的作用。

附　　录

附录 1　黑龙江电视台节目类型对应情况

黑龙江电视台卫星频道

节目类型	栏目/节目名称
新闻/时事	第十一届全国人民代表大会第二次会议开幕式
	第十一届全国人民代表大会第二次会议专题报道
	点击 7 日
	共度晨光
	今日话题
	今日话题·纪念改革开放 30 周年特别报道三十而立影像生活
	今日新闻
	两会进行时
	千年奇观日全食
	全国政协十一届二次会议开幕式
	温家宝总理会见中外记者并回答记者提问
	新华视点
	新闻联播
	新闻夜航

续表

节目类型	栏目/节目名称
新闻/时事	万里追光明——新闻夜航与新华视点联合推出大型直播报道
	应对危机保增长——厅局长做客龙江台
	重生
	重生——汶川地震一周年特别报道
	转播中央台新闻联播
综艺	2009春节联欢晚会
	本山快乐营
	本山快乐营启动晚会
	第9届蒙牛酸酸乳音乐风云榜年度盛典
	第二十届中国哈尔滨国际经济贸易洽谈会发展20年颁奖仪式
	话说人间正道
	欢乐集锦
	欢乐前传乡村名流
	绝密英雄谱
	快活武林
	快乐大联盟
	快乐进营
	快乐探营
	快乐星期5
	狼烟北平抢鲜看
	刘老根欢乐集锦
	平安龙江——黑龙江省公安厅2009年春节电视文艺晚会
	潜伏在你身边
	全国优秀流行歌曲创作大赛东北赛区颁奖晚会
	我们的会歌我来唱——第24届世界大学生冬运会会歌演唱者选拔颁奖晚会
	我用歌声赞美你——爱国歌曲大家唱群众性歌咏活动颁奖晚会
	我主荧屏情报站
	乡村爱情欢乐集锦
	小品集锦
	又一个幸福年——黑龙江电视台2009年春节联欢晚会

续表

节目类型	栏目/节目名称
综艺	娱乐大典娱乐现场10年
	咱这也有文艺人
	智慧跑道
	中国移动杯第二届我主荧屏黑龙江电视台全国主持人选拔大赛
	周周有乐
	祖国万岁2009"五月的鲜花"全国大学生大型校园文艺演出
专题	北疆子弟兵
	财富之路
	传奇俄罗斯
	感动
	感动2009
	怀念
	揭秘"绝密"——《绝密1950》黑龙江卫视首映式
	金融海啸深化
	魅力龙江
	潜伏在你身边——《潜伏》剧组观众见面会
	天象奇观日全食
	投资全方位
	问教
	沟通——天舒工作室
	中国1978—2008
生活服务	财富瑰宝
	驰马奥
	黑龙江省地方税务局饮食业有奖发票二次摇奖2008第四期开奖仪式
	华夏收藏
	健康故事汇
	精英国际
	商机在线
	生财有道
	生命传奇

续表

节目类型	栏目/节目名称
生活服务	时代购物
	天气预报
	投资全方位
	中华瓷
	中华收藏
青少	《名侦探柯南》动画片
	家有宝贝
音乐	乘着歌声的翅膀——王莹维也纳金色大厅独唱音乐会
	党啊，亲爱的妈妈——时代歌声走进黑龙江殷秀梅大型演唱会
	歌曲
体育	第24届世界大学生冬季运动会开幕式
	哈尔滨第24届世界大学生冬季运动会闭幕式
	今日话题·大冬会特别报道冰风雪影大冬情
	卡恩龙门会
	龙武堂
	英雄传说——2009全球新春武术搏击慈善大赛
	直击大冬会
戏剧	梨园春潮——2009年十八省市地区元宵戏曲晚会
外语	你好俄罗斯
	这就是黑龙江

黑龙江电视台影视频道

节目类型	栏目/节目名称
综艺	不差钱
	第十一届上海国际电影节颁奖仪式暨闭幕式
	欢乐转转转
	明星告诉你
	明星告诉你特别节目：影视之家
	明星告诉你五一特别呈现：亲爱的我们结婚吧

续表

节目类型	栏目/节目名称
综艺	明星告诉你和您一起走过 8 周年
	我爱看电影
	英子逗逗逗
	影视插花
	影视靓点
专题	保罗和埃斯特尔的哈尔滨
	超级访问
	女人如意
生活服务	健康宝典
	健康生活
音乐	歌曲

黑龙江电视台都市频道

节目类型	栏目/节目名称
新闻/时事	拉呱
	天下夜航
	新闻夜航
综艺	2008 风尚大典
	2009 春节联欢晚会
	冰雪乐翻天
	都市乐翻天
	都市梦想
	逗你门
	短信乐翻天
	飞扬新声绝对唱响名师高徒
	开心时刻
	魔法天裁 MY STYLE
	频道同期声
	"我要去三亚"——2008 戴梦得·新丝路中国模特大赛
	舞林大会

续表

节目类型	栏目/节目名称
综艺	心动100
	夜航十年
专题	超级访问
	都市传奇
	发现档案
	非常记忆
	夫妻天下
	华人纵横天下
	狂野周末
	龙江人口
	鲁豫和她的朋友们
	魅力龙江
	内幕追踪
	群星耀都市
	人口视窗
	上班这点事
	鲁豫有约——说出你的故事
	沟通——天舒工作室
	走进名人家
生活服务	高考面对面
	黑龙江省地方税务局饮食业有奖发票二次摇奖2008第四期开奖仪式
	华天购物
	吉星购物
	健康一身轻
	今日播出
	今日商城
	快乐生活一点通
	收藏天下
	谈古论今话养生伍味草堂
	伍味草堂

续表

节目类型	栏目/节目名称
生活服务	中华瓷
	中华收藏
体育	2008/2009 年度全国冰球联赛第二站冰雪赛场
	2009 年中国越野锦标赛漠河站
	奥运系列
	冰风雪影：2009 年第 24 届世界大学生冬季运动会男子冰球 A 组
	大冬会频道
	大冬会赛事看点
	大冬英雄会
	第 24 届世界大学生冬季运动会开幕式
	第 24 届世界大学生冬季运动会闭幕式
	金牌榜
	青春·未来——哈尔滨第 24 届世界大学生冬季运动会开幕式
青少	我和郎朗有个约会
音乐	歌曲

黑龙江电视台文艺频道

节目类型	栏目/节目名称
综艺	2008 相声小品集锦
	2009CCTV 民族器乐电视大赛黑龙江赛区
	K 歌一夏想唱你就来——黑龙江文艺频道暑期特别节目
	百花迈春——中国文学艺术界 2009 春节大联欢
	边说边看
	超级海盗船
	超级盛典
	春到北大荒
	第 12 届凡奇上京国际杯青年歌手电视大奖赛
	第七届 CCTV 小品大赛黑龙江赛区决赛
	第四届中国移动飞信杯校园之星评选大赛总决赛

续表

节目类型	栏目/节目名称
综艺	电影映象
	黑龙江省2009年春节文艺晚会
	黑龙江省庆祝建军82周年拥军文艺晚会
	红博新晚报之约——青春激荡与维塔斯同台青年歌手选拔赛总决赛
	加油东方天使
	聚群力品生活群星文艺晚会
	军歌嘹亮
	看电影
	快乐假期
	平安龙江——黑龙江省公安厅2009年春节电视文艺晚会
	情动俄罗斯——中国人唱俄语歌大型选拔活动
	情书SEASON2
	世纪春潮——黑龙江省统一战线纪念改革开放30周年文艺晚会
	首届漠河中国北方少数民族歌舞服饰展演颁奖晚会
	我用歌声赞美你——爱国歌曲大家唱群众性歌咏活动哈尔滨赛区复赛
	无限挑战
	相约太阳岛——2009国际旅游小姐黑龙江赛区冠军总决赛
	新加坡特辑：快乐假期
	寻找xman
	娱乐大典娱乐现场10年
	娱乐拼盘
	娱乐双响炮
	娱乐现场
	咱这也有文艺人
	大岭长风——中国大兴安岭首届国际蓝莓节暨山特产品交易会文艺演出
	中国林都与百年口岸牵手伊春市满洲里市春节文艺晚会
	中国移动杯第二届我主荧屏黑龙江电视台全国主持人选拔大赛
专题	黑龙江省道路客运站务人员业务知识竞赛总决赛
	万行长诗颂小平

续表

节目类型	栏目/节目名称
音乐	歌曲
	孝敬父母挚爱中华——刘一祯独唱音乐会
	音乐风云榜
	醉畅享
体育	文明和谐龙江——黑龙江省直属机关第三届职工田径运动会
	英超赛场
戏剧	梨园春潮——2009年十八省市地区元宵戏曲晚会
生活服务	2008NE·TIGER东北虎皮草新款发布会
	柏林印象
	国色天香
	健康会客厅
	今日导视
	七星购物
	中国寒地水乡北方财富港湾中国哈尔滨群力新区
	周到生活
	走进博康

黑龙江电视台法制频道

节目类型	栏目/节目名称
法制	大侦探
	法制在线
	法制周报
	法治进行时
	检察官在行动
	警察故事
	说案
	现在开庭
	以生命的名义拒绝酒后驾驶——法制在线直播特别节目
	早安公民

续表

节目类型	栏目/节目名称
专题	冰天雪地
	红色119
	怀念
	禁毒龙江边境行
	禁毒龙江行
	兴凯湖
	一路忠诚一路歌——黑龙江公安改革开放30年工作巡礼
生活服务	藏品阁
	好剧先看
	黑龙江省交通天气预报
	健康之路
	龙江市场报道
	明日导视
	七星购物
	早间交通天气预报

黑龙江电视台公共频道

节目类型	栏目/节目名称
新闻	公共新闻网
	新闻联播
综艺	2002年春节联欢晚会
	2003年春节联欢晚会
	2004年春节联欢晚会
	2006年春节联欢晚会
	帮忙特别节目·大话变形金刚第二部
	冰雪二人转——公共频道特别节目
	春节联欢晚会
	逗你乐翻天
	二人转大观园

续表

节目类型	栏目/节目名称
综艺	欢乐春节集锦
	欢乐时光
	欢乐元旦小品集锦
	姥家门口唱大戏今年逗你乐翻天
	群星荟萃闹新春——东北二人转专场演出
	暑期电影特别节目
	乡村戏苑之逗你乐翻天
	笑声背后——公共频道春节特别节目
	笑星闹新春
	智慧宝典
	中央电视台2005年春节联欢晚会
	中央电视台2007年春节联欢晚会
	中央电视台春节联欢晚会2001
	转星大拜年
	二人转刘老根大舞台全国巡演
	刘老根大舞台
戏剧	姥家大戏开台喽
	乡村戏苑乱炖二人转
专题	春雷杯全省农业标准化知识大赛
	龙腾东方
	神农杯全省农民科技知识电视大奖赛
	首届黑龙江省银联杯银行卡知识电视大赛
	行风聚焦
	行风聚焦特别节目：一棵大树引发的憋屈
	知礼仪懂礼节讲礼貌——礼仪知识电视竞赛
财经	财富直通车
	读报论股
体育	NBA赛场
音乐	歌曲
	中国电影百年百首金曲演唱会

续表

节目类型	栏目/节目名称
生活服务	车行天下
	旅游天气预报
	七星购物
	谈天说地
	天气预报
	音信网电视购物
	走进博康

黑龙江电视台少儿频道

节目类型	栏目/节目名称
青少	小神龙俱乐部
	小天鹅房房车
	战龙四驱改装学堂
	知识糖
	成长快乐
	TOM AND JERRY 动画片
	动漫爆米花
	动漫大片
	动漫剧无霸
	动漫糖果果
	红动龙江龙江宝贝秀
	卡通剧场：迪士尼经典动画
	六一特别节目：歌唱祖国庆六一主题队会
	全国六省同一首儿歌
	少儿春节联欢晚会
	少儿综艺节目：成长快乐
	同一首儿歌
	童心中国——十二省市少儿春节晚会

续表

节目类型	栏目/节目名称
专题	20世纪灾难大纪实
	360度动物探秘
	Why
	大师
	狂野周末
	留学生第一部：英伦的天空
	诺贝尔传奇
	时尚轨迹
	世界顶级模特系列
	世界名城系列
	世界名校
	文化中国
	真实
	走近科学
综艺	财高八斗
	财智喜乐会
	大家一起猜
	点指先锋
	活力冲击
	全民大猜想
	天降财神
	笑笑吧
	心动100
	心动时分
	芝麻开门
	智慧达人
	智慧大赢家
	智慧点金
	智慧跑道
	智慧先锋

续表

节目类型	栏目/节目名称
生活服务	吃出健康
	放心购物
教学	名家论坛五周年特别节目：黄帝内经
	名家论坛五周年特别节目：黄帝内经养生智慧

附录 2　术语介绍

一　到达率

（一）到达率（Reach%）

到达率（Reach%）是指在特定时段内的符合到达条件的接触总人数占总体电视推及人口的百分比。其中到达条件一般是"至少收看了 1 分钟"，用户可以改变收看的最小分钟数或收看时间在整个时段中的最小百分比来自行定义到达条件。计算公式为：

$$到达率 = \frac{\sum_{i=1}^{n} 接触人_i^{特定时段} \times 权重_i}{总体推及人口} \times 100\%$$

（二）到达率（Reach（000））

到达率（Reach（000））是指在特定时段内的符合到达条件的接触总人数，一般以千人来表示。计算公式为：

$$到达率(000) = \sum_{i=1}^{n} 接触人_i^{特定时段} \times 权重_i$$

二、人均接触分钟数

人均接触分钟数（Min）是观众日平均收视时间（分钟）

与总体电视推及人口的比值,可针对特定频道或时段进行计算。计算公式为:

$$人均接触分钟数 = \frac{\sum_{i=1}^{n} 收视分钟数_i \times 权重_i}{总天数 \times 总体推及人口} \times 100\%$$

需要注意的是人均接触分钟数是把收视观众的总收视时间平均分配给了总体推及人口,而不是分配给总体收视人口。

三 收视率

(一) 收视率(000)

收视率(000)是针对某特定时段(或节目),平均每分钟的收视人数(千人)。计算公式为:

$$收视率(000) = \frac{\sum_{i=1}^{n} 收视时长_i \times 权重_i}{该时段总时长}$$

(二) 收视率(Rtg%)

收视率(Rtg%)是指针对某特定时段(或节目),平均每分钟的收视人数占推及人口总体的百分比。计算公式为:

$$收视率 = \frac{\sum_{i=1}^{n} 收视时长_i \times 权重_i}{该时段总时长 \times 总体推及人口} \times 100\%$$

收视率反映的是在特定时段收看某一频道或某一节目的人数在总体推及人口中的百分比。当观众被锁定为总体推及人口的一部分时(如4—14岁的儿童),收视率就是人们通常所说的目标观众收视率。

四 市场份额

市场份额(Shr%)是指特定时段内收看某一频道或某一节目的人数占同一时段所有收看电视的人数的百分比。也即是特定时段内某一频道的收视率占所有频道的总收视率的百分比。计算公式为：

$$市场份额 = \frac{收视率_{某频道}}{收视率_{所有频道}} \times 100\%$$

该指标考察的是收看某一频道（节目）的人数占当时所有收看电视的人数，数值越大，表明该频道（节目）在该时段的市场竞争力就越强。

五、观众构成

观众构成（TgSat%）是指对于特定频道（或节目），目标观众平均每分钟的收视人数（千人）占参照观众平均每分钟收视人数（千人）的百分比。参照观众一般为4岁以上所有人。计算公式为：

$$观众构成 = \frac{\sum_{i=1}^{目标观众} 收视时长_i \times 权重_i}{\sum_{i=1}^{参照观众} 收视时长_i \times 权重_i} \times 100\%$$

该指标考察的是特定频道（或时段/节目）的收视观众结构，回答了"谁在看该频道（节目），平均看了多长时间"的问题。

六 观众集中度

观众集中度（TgAfin%）是指对于特定时段（或节目），目标观众（如15—34岁人群）收视率（百分比）与参照观众（如4岁以上所有人）收视率（百分比）的比值。目标观众收视率和参照观众收视率对应同一时段和同一频道，两组观众均可自定义。计算公式为：

$$观众集中度 = \frac{收视率_{目标观众}}{收视率_{参照观众}} \times 100\%$$

观众集中度表示的是目标观众相对于参照观众的收视集中程度，可以以此来反映目标观众对特定频道（节目）的收视倾向，回答"谁更爱看这个频道（节目）"的问题。

七　观众忠实度

忠实度是指特定频道（时段/节目）的收视率与到达率的百分比值。计算公式为：

$$观众忠实度 = \frac{收视率_{频道}}{到达率_{频道}} \times 100\%$$

八　时间段指数

时间段指数（TBIndex%）是指同一频道的特定时段的市场占有率与同一频道参考时段的市场占有率的百分比值。计算公式为：

$$时间段指数 = \frac{市场占有率_{频道}^{特定时段}}{市场占有率_{频道}^{参考时段}} \times 100\%$$

通常，所考察的特定时段包含在参考时段内。该指标描述了特定时段的市场竞争力对参考时段市场竞争力的影响。

九　时间段贡献

时间段贡献（Cchn%）是指特定频道特定时段的观众收视时间与该频道观众总收视时间的百分比值。计算公式为：

$$时间段贡献 = \frac{[\sum_{i=1}^{n} 收视时间_i \times 权重_i]_{频道}^{特定时段}}{[\sum_{i=1}^{n} 收视时间_i \times 权重_i]_{频道}^{参考时段}} \times 100\%$$

时间段贡献反映了某一特定时段（节目）对本频道总收视时间的贡献，数值越大，贡献越大。

十　播出比重与收视比重

播出比重是指某类型节目的播出时间占该类节目的总播出

时间的比例。收视比重是指某类型节目的收视时间占该类节目的总收视时间的比例。计算公式分别为：

$$播出比重 = \frac{某类节目的播出时间}{所有节目的总播出时间} \times 100\%$$

$$收视比重 = \frac{某类节目的收视时间}{所有节目的总收视时间} \times 100\%$$

这两个指标主要是用于考察各类型节目播出比重与收视比重之间的平衡关系，进而反映各类节目的供需平衡状况。

十一 毛评点

毛评点（GRP）即总收视点（Gross Rating Point），是指在广告媒介计划中，特定时期内某一广告数次插播的收视率之和。计算公式为：

$$毛评点 = \frac{累积接触度(000)}{总体推及人口} \times 100\% = \sum_{i=1}^{n} 收视率 = 到达率 \times 平均暴露频次$$

毛评点是衡量广告媒介计划最主要的量化测评指标之一。

十二 千人成本

千人成本（CPM）是指在广告媒介计划中，载体每到达一千人次的受众量所需要花费的成本，以货币单位表示。计算公式为：

$$千人成本 = \frac{广告成本}{到达人数} \times 1000$$

千人成本可用于评估广告投放的经济效益，适用于不同市场广告投放成本效益的比较。

十三 收视点成本

收视点成本（Cost Per Rating Point，CPRP）是指每得到一

个收视率百分点所需要花费的成本,也称为每毛评点成本,以货币单位表示。计算公式为:

$$收视点成本 = \frac{广告成本}{毛评点}$$

该指标与千人成本一样,也是反映广告成本效益的指标,适用于同一市场广告成本效益的比较。

十四 媒体占有比重、媒体投资比重

媒体占有比重(Share of Voice,SOV)是指某品牌商品广告的总收视点占该类商品广告的总收视点的比重;媒体投资比重(Share of Spending,SOS)是指某品牌广告的媒体投资额占该类商品广告的媒体投资总额的比重。计算公式分别为:

$$SOV = \frac{GRP_{某品牌广告}}{GRP_{该类商品广告}}; \quad SOS = \frac{广告花费_{某品牌}}{广告花费_{该类商品}}$$

SOS 用于评估广告投资情况,SOV 则量化广告投放传播的效果,这两个指标可以提供广告投放策略制定的重要参考。

参考文献

[1] 厉无畏：《创意产业导论》，学林出版社2006年版。

[2] 邵培仁：《传播学》，高等教育出版社2000年版。

[3] 许庆瑞：《研究、发展与技术创新管理》，高等教育出版社2009年版。

[4] 傅家骥：《技术创新学》，清华大学出版社1993年版。

[5] 武春友、戴大双、苏敬勤：《技术创新扩散》，化学工业出版社1997年版。

[6] 康凯：《技术创新扩散理论与模型》，天津大学出版社2004年版。

[7] 马庆国：《管理统计》，科学出版社2002年版。

[8] 祁述裕：《中国文化产业国际竞争力报告》，社会科学文献出版社2004年版。

[9] 徐浩然、雷深烨：《文化产业管理》，社会科学文献出版社2006年版。

[10] 周鸿铎：《文化传播学通论》，中国纺织出版社2005年版。

[11] 胡宝民：《技术创新扩散理论与系统演化模型》，科学出版社2002年版。

［12］朱春阳：《现代传媒产品创新理论与策略》，山东人民出版社 2005 年版。

［13］张晓明：《2006 年中国文化产业发展报告》，社会科学文献出版社 2006 年版。

［14］邹广文、徐庆文：《全球化与中国文化产业发展》，中央编译出版社 2006 年版。

［15］郭梅君：《创意转型——创意产业发展与中国经济转型的互动研究》，中国经济出版社 2011 年版。

［16］蔡尚伟：《文化产业导论》，复旦大学出版社 2006 年版。

［17］陈鸣：《西方文化管理概论》，山西人民出版社 2006 年版。

［18］胡惠林：《文化产业学》，高等教育出版社 2006 年版。

［19］顾江：《文化产业研究》，南京大学出版社 2006 年版。

［20］张京成：《中国创意产业发展报告 2008》，中国经济出版社 2008 年版。

［21］张国良：《新闻媒介与社会》，上海人民出版社 2001 年版。

［22］孙安民：《文化产业理论与实践》，北京出版社 2005 年版。

［23］傅家骥等主编：《技术创新——中国企业发展之路》，企业管理出版社 1992 年版。

［24］樊得生、王晓方编：《谁在说话——中国文化年报》，兰州大学出版社 2001 年版。

［25］李季、范玉刚：《中国文化产业园》，社会科学文献出版社 2012 年版。

［26］林拓：《世界文化产业发展前沿报告（2003—2004）》，社会科学文献出版社2004年版。

［27］王传东：《动漫产业分析与衍生产品研发》，清华大学出版社2009年版。

［28］盛亚：《技术创新扩散与新产品营销》，中国发展出版社2002年版。

［29］［美］理查德·E. 凯夫斯：《创意产业经济学》，孙绯等译，新华出版社2004年版。

［30］［美］埃弗雷特·M. 罗杰斯：《创新的扩散》，辛欣译，中央编译出版社2002年版。

［31］大卫·索罗斯比：《文化经济学》，张维伦等译，典藏艺术家庭股份有限公司2005年版。

［32］约翰·郝金斯：《创意经济》，李璞良译，典藏艺术家庭股份有限公司2003年版。

［33］张晓明、韩谨：《走向"创意"产业》，《出版参考》2005年第2期。

［34］陈劲、魏诗洋：《创意产业中企业创意扩散的影响因素分析》，《技术经济》2008年第2期。

［35］史晓辰：《发展创意产业的理论支撑》，《中国集体经济》2008年第15期。

［36］陈国宏：《技术创新扩散的数理分析与模拟》，《经济导刊》2005年第1期。

［37］邹广文：《文化产业发展：我们向发达国家学习什么》，《人民论坛》2006年第8期。

［38］方新：《中国企业技术创新的现实选择》，《经济数学》

2007年第5期。

[39] 荣跃明：《超越文化产业：创意产业的本质和特征》，《毛泽东邓小平理论研究》2004年第5期。

[40] 阮仪三：《论文化创意产业的城市基础》，《同济大学学报》（社会科学版）2005年第1期。

[41] 李艾：《电子商务技术扩散影响因素实证研究》，博士学位论文，浙江大学，2005年。

[42] 徐迅：《创意产业理论和观点综述》，《创意产业研究专刊》2006年第2期。

[43] 随新：《创意产业研究理论评述》，《经济问题探索》2008年第2期。

[44] 张振鹏、王玲：《我国文化创意产业的定义及发展问题探讨》，《科技管理研究》2009年第6期。

[45] 牛宏宝：《文化资本与文化创意产业》，《中国人民大学学报》2010年第1期。

[46] 谭军：《后危机背景下的产业转型与文化创意产业成长》，《江淮论坛》2010年第6期。

[47] 李雄诒、王亚鸽：《中国文化创意产业现状及战略发展分析》，《商业时代》2010年第3期。

[48] 吴庆阳：《文化创意产业概念辨析》，《经济师》2010年第8期。

[49] 杨壬飞、全允桓：《技术商业化及其评价的研究综述》，《科学学研究》2004年第22期。

[50] 王缉慈：《关注文化创意产业（续）》，《前线》2006年第4期。

[51] 郭立伟、何树贵、饶宝红:《杭州创意产业发展问题研究:基于对五大创意产业园区的调查》,《经济问题探索》2007年第12期。

[52] 陈旺:《文化创意产业发展扶持政策体系研究》,《商场现代化》2010年第10期。

[53] 高红岩:《文化创意产业的政策创新内涵研究》,《中国软科学》2010年第6期。

[54] 郭少堂:《香港创意产业的发展及经验》,《发展研究》2004年第3期。

[55] 王如忠:《创意产业:现代服务业新的增长点》,《经济导刊》2004年第8期。

[56] 盛亚:《新产品市场扩散过程的传播论》,《科技进步与对策》1999年第4期。

[57] 张永林、李子奈、刘玲玲:《农业科技创新扩散、要素流动与我国农业的规模经济性研究》,《管理工程学报》2010年第3期。

[58] 顾淑林:《技术创新扩散的微观机理分析与模拟》,《技术经济》2006年第2期。

[59] Hartley, John, *Creative Industries*, Blackwell Publishing, 2005.

[60] Florida, R., "The Rise of Creative Class", *The Washington Monthly*, No. 3, 2004.

[61] Florida, R, ed., *Cities and the Creative Class*, New York: Routledge, 2005.

[62] Kuniko, Fujita, "Neo – Industrial Tokyo: Urban Development and Globalization in Japan's State – Centered Developmental

Capitalism", *Urban Studies*, Vol. 2, No. 8, 2003.

[63] Metcalfe, J. C., "Geographic Localization of Knowledge Spillovers as Evidenced by Patent Citations", *Quarterly Journal of Economics*, No. 3, 1993.

[64] Bayus, Barry L., "Forecasting Sales of New Contingent Products: An Application to the Compact Disc Market", *Journal of Product Innovation Management*, No. 4, 1987.

[65] Metacalfe, E., "Technical Change and the Rate of Imitation", *Econometrics*, No. 3, 1961.

[66] Carmine, Ornaghi, "Spillovers in Products and Process Innovation: Evidence from Manufacturing Firms", *International Journal of Industrial Organization*, No. 3, 2001.

[67] Abrahamson, E., "Managerial Fads and Fashions: The Diffusion and Rejection of Innovations", *Academy of Management Review*, Vol. 3, No. 3, 1991.

[68] Redmond, William H., "Interconnectivity in Diffusion of Innovations and Market Competition", *Journal of Business Research*, No. 3, 2004.

[69] Strang, D., "Diffusion in Organizations and Social Movement: From Hybrid Corn to Poison Pills", *Annual Review of Sociology*, No. 4, 1998.

[70] Gatignon, Hubert and Robertson, Thomas S., "Technology Diffusion: An Empirical Test of Competitive Effects", *Marketing*, No. 4, 1989.

[71] Scholtz, L. and Bass, F. M., "Evolution of Technological

Generations: The Law of Capture", *Sloan Management Review*, No. 5, 2005.

[72] Robinson, B., "Dynamic Price Models for New Product Planning", *Management Science*, No. 5, 2005.

[73] Peck, J., "Struggling with the Creative Class", *International Journal of Urban and Regional Research*, Vol. 29, No. 4, 2004.

[74] Carmine, Ornaghi, "Spillovers in Product and Process Innovation: Evidence from Manufacturing Firms", *International Journal of Industrial Organization*, Vol. 24, No. 2, 2001.

[75] Wang, Wendi and Tenneriello, P., "Innovation Diffusion Model in Patch Environment", *Applied Mathematics and Computation*, No. 1, 2010.

[76] Robinson, B., "Dynamic Price Models for New Product Planning", *Management Science*, No. 10, 2010.

[77] Monroe, Kent B. and Lee, Angela Y., "Remembering Versus Knowing: Issues in Buyers' Processing of Price Information", *Journal of the Academy of Marketing Science*, No. 27, 2011.

[78] Gdaniec, C., "Cultural Industries, Information Technology and the Regeneration of Post-Industrial Urban Landscapes. Poblenou in Barcelona - A Virtual City?" *Geo Journal*, No. 4, 2000.

[79] Chen, Chaojung and Watanabe, Chihiro, "Diffusion, Substitution and Competition Dynamism inside the ICT Market: The Case of Japan", *Technological Forecasting and Social Change*,

No. 2, 1991.

[80] Florida, L., "America's Looming Creativity Crisis", *Harvard Business Review*, No. 10, 2010.

[81] Davies, A., "New Product Growth Model for Consumer Durable", *Management Science*, No. 5, 2010.

[82] Bayes, A., "New Product Adoption Model with Pricing Advertising and Uncertainty", *Management Science*, No. 12, 2010.

[83] Trajtenberg, Manuel, "Innovation in Israel 1968 – 1997: A Comparative Analysis Using Patent Data", *Research Policy*, Vol. 15, No. 3, 2010.

[84] Fourt, L. A. and Woodlock, J. W., "Early Prediction of Market Success for Grocery Products", *Journal of Marketing*, No. 6, 2010.

[85] Robinson, B., "Dynamic Price Models for New Product Planning", *Management Science*, No. 6, 2010.

[86] Wejnert, B., "Integrating Models of Diffusion of Innovations: A Conceptual Framework", *Annual Review of Sociology*, No. 7, 2010.

[87] Kalish, S., "A New Product Adoption Model with Pricing Advertising and Uncertainty", *Management Science*, No. 8, 2012.

[88] Easingwood, A., "Market Entry Timing Model for New Technologies", *Management Science*, No. 7, 2011.

[89] Bass, Krishnan, "Incorporating Distribution into New Product Diffusion Models", *International Journal of Research in Marketing*, No. 5, 2010.

[90] Jain, Dipak C. and Rao, Ram C., "Effect of Price on the Demand for Durables: Modeling, Estimation and Finding", *Journal of Business and Economic Statistics*, No. 6, 1988.

[91] Alcortaa, Ludovico and Peresb, Wilson, "Innovation Systems and Technological Specialisation in Latin America and the Caribbean", *Research Policy*, Vol. 26, No. 3, 2012.

[92] Anonymous, John, "Creative Industries", *Americans for the Arts*, No. 3, 2010.

[93] Fogg, B. J., "Persuasive Technology: Using Computers to Change What We Think and Do", *Ubiquity*, No. 3, 2012.

[94] Evangelista, Rinaldo, et al., "Measuring Innovation in European Industry", *International Journal of the Economics and Business*, No. 9, 2010.

[95] Watts, Robert J. and Porter, Alan L., "Innovation Forecasting", *Technological Forecasting and Social Change*, No. 9, 2011.

[96] Mansfield, E., "Remembering Versus Knowing: Issues in Buyers' Processing of Price Information", *Journal of the Academy of Marketing Science*, No. 11, 2011.

[97] Tolnay, S. E., "The Spatial Diffusion of Fertility: A Cross-Sectional Analysis of Counties in the American South, 1940", *American Sociological Review*, Vol. 60, No. 2, 1995.

[98] Valente, T. W., "Diffusion of Innovations and Policy Decision-Making", *Journal of Communicatien*, No. 1, 1993.

[99] Aoyama, Yuko and Izushi, Hiro, "Hardware Gimmick or Cul-

tural Innovation? Technological, Cultural, and Social Foundations of the Japanese Video Game Industry", *Research Policy*, Vol. 32, No. 3, 2003.

[100] Zahra, S. A. and Covin, J. G., "Business Strategy Technology Policy and Firm Performance", *Strategic Management Journal*, No. 6, 2011.

[101] Howkins, John, *The Creative Economy: How People Make Money from Ideas*, Penguin UK, 2013.

[102] Baggerman, Lisa, *Design for Interaction: User – Friendly Graphics*, Rockport Publishers, 2000.